這才是真實の滿洲史

中日滿糾纏不已的「東北」
如何左右近代中國

宮脇淳子——著
岡田英弘——監修
郭婷玉 譯

1894
1956

真実の満洲史

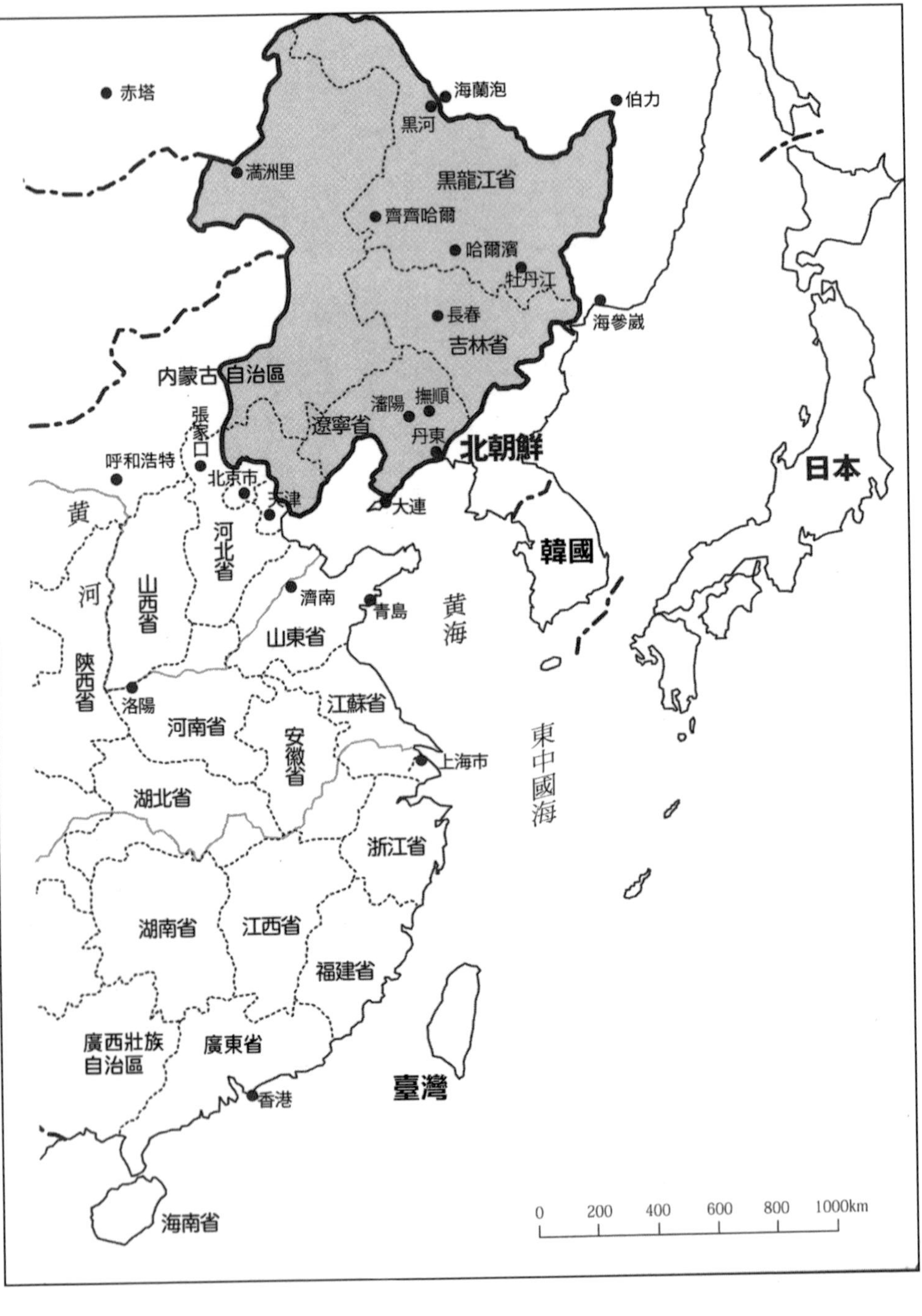

赤塔
海蘭泡
黑河
伯力
滿洲里
黑龍江省
齊齊哈爾
哈爾濱
牡丹江
海參崴
長春
吉林省
內蒙古自治區
張家口
瀋陽
撫順
遼寧省
丹東
北朝鮮
呼和浩特
北京市
天津
大連
日本
黃河
河北省
韓國
山西省
濟南
青島
黃海
山東省
陝西省
洛陽
江蘇省
河南省
安徽省
上海市
東中國海
湖北省
浙江省
湖南省
江西省
福建省
廣西壯族自治區
廣東省
臺灣
香港
海南省
0 200 400 600 800 1000km

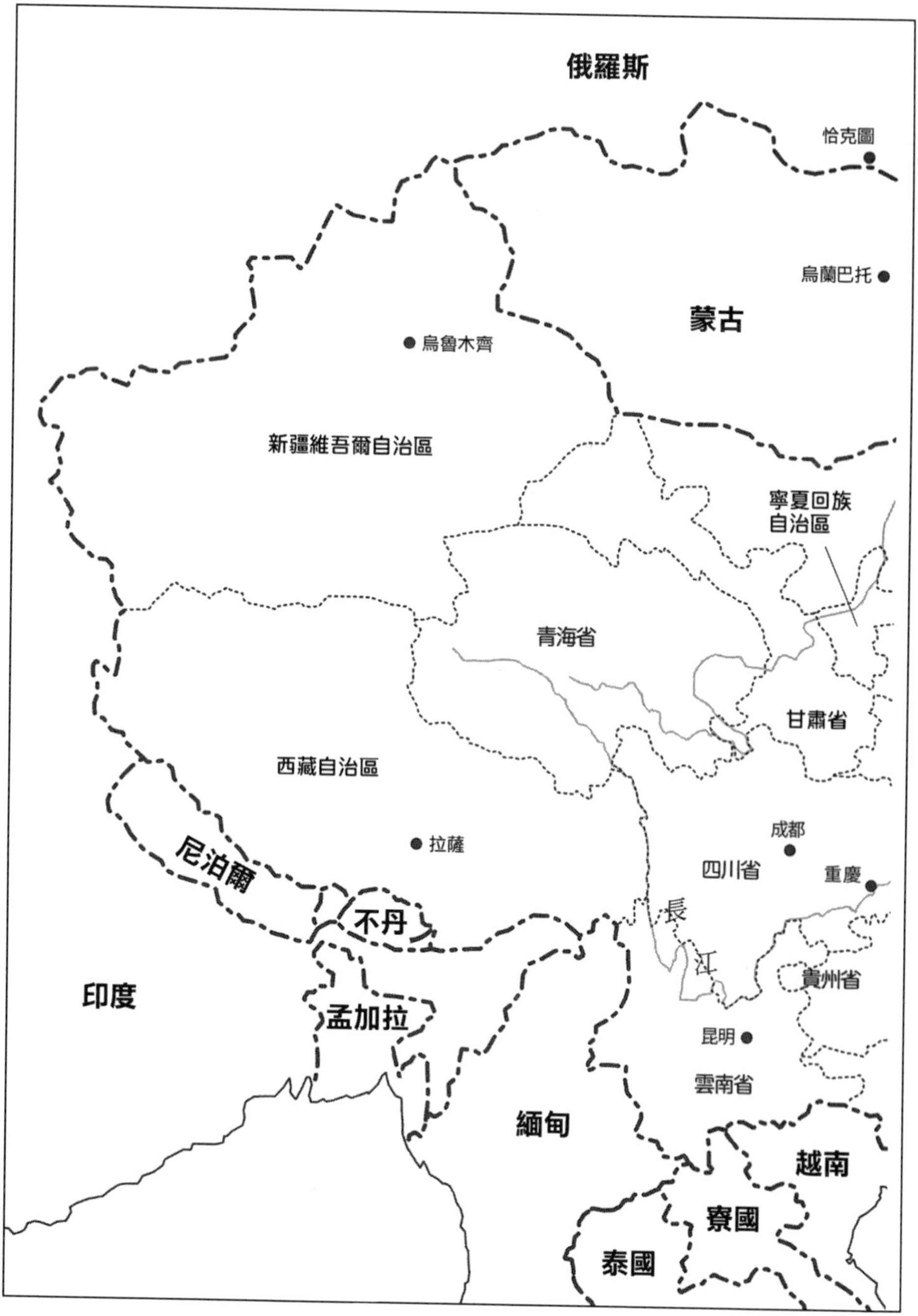

俄羅斯
恰克圖
烏蘭巴托
蒙古
烏魯木齊
新疆維吾爾自治區
寧夏回族
自治區
青海省
甘肅省
西藏自治區
拉薩
成都
四川省
重慶
尼泊爾
不丹
長
江
貴州省
印度
孟加拉
昆明
雲南省
緬甸
越南
寮國
泰國

前　言

我們為什麼學習歷史？

在《這才是真實的中國史》續篇《這才是真實的滿洲史》一書中，最大的焦點是大陸和日本之間的關係，那正是我們日本人在戰後一直逃避直接面對、最不擅長的領域。可以說，如何看待滿洲的歷史，就如同鏡子一般，映照出日本人的歷史觀。因此，我想在本書開頭，就「為何現在的日本人對過去發生的事帶有如此內疚感？」「戰後日本歷史觀的現狀」等議題，談談一些想法。

馬克思主義的進步史觀是空想

在世界史中，二十世紀最重大的事件，即是馬克思主義不僅影響蘇聯等國家建設，也在思想上風靡一世。馬克思主義的歷史觀，係經原始共產制、古代奴隸制、中世封建制、近代資本主義，未來達到共產主義，也就是採取所謂的發展階段說。馬克思的進步史觀，與十九世紀達爾文主義一致。達爾文發現「適者生存」法則（是否將之稱為「進步」則是另外的問題），說明了人類社會受到生物學上變化法則的影響，也會在適者生存的條件下向前進步。

由於馬克思主義的歷史觀相當淺顯易懂，令人耳目一新，一時間席捲了世界。到今天，無論右派或左派陣營，都或多或少採納了馬克思主義歷史觀，只差在是否以批判眼光看待。

然而，馬克思主義的歷史觀不過是空想。若是有心使用「有皇帝存在即是實行專制主義的『古代』」這種簡單框架，不管是誰都能寫出一些貌似歷史的東西。類似的說法，還有「由於民眾廣泛地進行商業貿易，所以宋代是中國近世的開端」。原本馬克思主義就不適用於亞洲，但是馬克思主義者必須按照自己的法則進行說明，故而非得斷言「亞洲是專制主義下封建的體制」不可。儘管如此，只研讀近現代史的人，還真的就認為可以用那樣的框架來瞭解世界。

日本戰後歷史教育中，教科書年表是劃分為「古代」、「中世」、「近世」，這個區分方式即是應用了馬克思主義。

人類不會只憑錢財行動

馬克思主義更大的問題是，指出基礎結構決定了上層結構，並主張人類社會的所有基礎在於經濟。否定馬克思主義的「反馬克思主義」，也沒有脫離「一切由經濟決定」

的馬克思主義框架。若以比喻而言，二者就如同鑰匙與鑰匙孔的關係，反馬克思主義不過是在馬克思主義的框架中否定馬克思主義。

但是，將帝國主義想成只憑成本計算就做出決策等等的看法，完全沒有考慮當時人們的心理。也因此，會對於日本人前進大陸之舉，質疑「為什麼要做那麼划不來的事？」就日本向經濟力相差甚鉅的美國宣戰一事，則批評「愚蠢至極，難道沒有迴避的方法嗎？」這些考量本身就是掉入馬克思主義的陷阱。資本主義也好，社會主義也罷，都未曾跳脫出「經濟至上主義」的框架。所謂現狀，不過就是尚未找到下一個框架。

其實，人們對喜歡的東西，價格再高都會選擇；再怎麼有錢，討厭的東西就是不會去買。人類不必然是只要能賺錢就會行動的生物。然而，馬克思主義卻認為經濟是所有事物的基礎，並以這種框架說明所有歷史。如果像這樣只以性能與價格的比較（cost performance）、「榨取‧非榨取」等面向來說明人類的行為，就會脫離事實，而距離真相越來越遠。

馬克思主義只以經濟將人類行動理論化的做法，在全世界都已陷入僵局，打開此僵局的方策卻尚未出現。不過，還有評論家日下公人等人主張「應該重視人類的需求，有必要創造出依據人們的好惡、重視其心情的經濟學」。

結果至上的中國歷史觀

過去，日本舉國投資、進行開拓的滿洲，如今已是中國的一部分。現代中國雖由共產黨掌握政權，但是中國人原就只是為了方便起見而採用馬克思主義。現在說是社會主義市場經濟，實際上卻是放棄了共產主義。中國人所說的歷史，是在馬克思主義上，外加了中國獨有的「結果中心史觀」。

中國的獨特歷史觀，一切以結果為依歸，由結果判斷過去，亦即「因為成功了，所以是正確的」或「失敗者係因沒有天命，而是錯的」。

中國文明最早的史書，是司馬遷於西元前一世紀所完成的《史記》，其後還有《漢書》、《後漢書》、《三國志》，二十四部正史也至《明史》為止書寫不輟。所謂正史，係每當王朝更迭，解釋為何前一王朝失天命、次一王朝得天命的史書。因此，建立王朝的創業君主，大抵最初被冠為太祖、其次是太宗等廟號（皇帝去世後為祭祀而有的稱號，生前不這樣稱呼），他們會被寫為有德行的優秀皇帝。若無德行，即是天命未降的緣故。王朝覆滅之際的皇帝，多半被寫成愚鈍、病弱、淫亂，或是性格殘酷而濫殺無辜，究其原因，係因失去天命。

因此，現在統治中國大陸的中華人民共和國所說的都是正義，而在戰爭中落敗（雖說不是敗於中國而是敗於美國）、被趕出大陸的日本所做的任何行為，全都被視為錯誤。這對中國人而言是「正確的歷史認識」，中國人也像日本人一樣，沒有想追求史實、知道真正事實的心態。

中國人會立刻談到像上述一般的「歷史認識」，是由於他們真心認為「因為日本人在戰爭中落敗，所以就要像奴隸般地低三下四，不斷謝罪」。然而，這樣的人們所寫的歷史，不可能擁有真實。

從結果追溯過去，並探究其意圖，就會形成「日本進出滿洲是自明治時代就開始策劃」的陰謀史觀。實際上，與其說日本對滿洲有野心，毋寧是在對應各種狀況的過程中，一步一步地被捲入局勢，這樣的看法才正確。但是，中國人的歷史觀是由馬克思主義歷史觀，加上從一開始就決定結果，只從結果去追究道理、尋找原因的中國史觀而成，因此過去的一切就會被當作是日本人的陰謀。

戰後的日本人為了迎合現狀，認為「因為是現在的中國人在書寫歷史，日本人也要接受這樣的歷史」，遂將中國人整理的近現代史不斷地帶入日本。此外，日本人接受中華人民共和國擅自訂立架構所書寫的歷史，並制定了〈鄰近諸國條項〉（處理與鄰近亞洲諸國之間的近現代歷史時，需從國際理解與國際協調的觀點給予必要的關照）此般愚蠢的規定。日本人還努力將前述架構與原有的日本史整合在一起，造成的結果即是以謊言重新改寫了教科書。

只因為滿洲目前屬於中國，便將滿洲當作中國史來理解，再考慮日本為何會出現在那樣的中國。在這種歷史情境中，無論如何都難以理解真相。

「春秋筆法」的真正意義

「春秋筆法」這樣的詞彙，在最近的日本，就像是「風若吹起桶子，工匠就會賺大錢」①一般，只是提出芝麻小事來討論事情發生的原因，或者是將間接原因直接導向結果而加以批判。像這樣錯誤使用概念、邏輯不連貫的人相當多。

「春秋筆法」一詞原來的意思，是指由後世的人們嚴格查定前人，看誰是極惡之人、誰尊敬當朝，即所謂「善惡自有歷史證明」。

孔子於西元前四八〇年左右所編纂的《春秋》（事實上並非孔子所著作），記載著二百四十年間哪一年發生戰爭、哪一年誰當皇帝、哪一年發生飢荒之類的事情，其實單純就是一份年表。

到了後世，別人寫了被稱為「春秋三傳」（《左氏傳》、《公羊傳》、《穀梁傳》）

的三種註釋書，將本來僅是年表的《春秋》所傳達的各種事件，一件一件地加上「此人此行為正確」、「此人結果不當，是不好的」等嚴格批判，決定了善惡。

然後，由於孟子曰「孔子成春秋，而亂臣賊子懼」，「春秋筆法」一語便開始有了「誰是極惡之人、或是尊敬朝廷，由後世人們嚴格查定」的意思。

對中國人而言，「歷史」即是此一「春秋筆法」。現代中國的領導者之所以會說「不想在歷史上留下污點」，就是因為這樣的理由。

每當說到「日本完全不謝罪、釣魚台是我國領土」時，必然叫著「歷史、歷史」的，是由於「為了死後永遠不被說為極惡之人，現在就清楚劃分敵我，指責日本」的心理使然。畢竟中國是一個認為「凡是極惡之人，他的墳墓就算被踐踏也無妨」的國家，惡人毫無回復名譽的希望。對中國人來說，歷史就是結果至上，中間過程一概不論。

江戶時代，日本統治階級亦曾採用過儒教，但是不像中國人那樣看待歷史。日本人懷抱著「對義經的惻隱之心」②，與其說是鍾情於經過，不如說是有著「比起結果更重視動機」、「崇尚莊嚴的失敗或犧牲」等心態。日本人和中國人在根本上思考方向就有歧異，現在也依然如此。日本人認為人死後都能成佛，故而誰也不認為死者可惡。但是，中國人不會寬容死去的人。

日本人的歷史感覺

日本江戶末期所流行的陽明學，具有「比起結果更優先考慮動機」的思想，一時間廣為流傳。即便無法提出成果，因為已經盡力、且抱持善意去做，所以會得到寬恕。然而，中國儒教完全不存在著這樣的想法。儒教是不管多麼認真、抱持多少善意，結果失敗了的話，就是白費工夫。

現今日本人的想法變得以結果為上，可說是受到中國式看法的毒害。從而，對於戰前日本人的所作所為，會有「為什麼做出那種事」、「沒有考慮到將來的日本會如何嗎」等想法。我認為這反映出，我們已成為和過往日本人不一樣的人。

前文雖然已經談過馬克思主義是空想的歷史觀，而且不適用於亞洲，不過還是再多詳細說明一些吧。

如同我的丈夫、也是學問之師的岡田英弘氏，在其所著《所謂的歷史是什麼》（文春新書）中談到的，歷史其實只有古代與現代之分。《這才是真實的中國史》一書也在開端談到，所謂歷史，是以吾人現在生存著的當下為「現代」，在此之前則為「古代」。所謂的「中世」，雖有社會處於發展途中的感覺，但其實只是為了連接「古代」與「現代」而設定的不完善時代。

有趣的是，日本人將「modern」這個英語詞彙，分別賦予「近世」、「近代」、「現代」三種翻譯。日本人對於將自己出生前的時代稱為「現代」一事，總覺得不對勁、有所嫌惡，而想將「現代」稱為「現在」。然而，若將一百年前也稱為「現代」，感覺也很奇怪，因此便稱明治時代以降為「近代」。但是，在明治時代之前的江戶時代，既非「古代」，也不是「中世」。按照馬克思主義的邏輯，江戶時代雖然已經具備「modern」、亦即「近代」的要素，但因尚未編入世界框架，不能稱為「近代」。因此，只能將江戶時代和稍早的安土．桃山時代並稱為「近世」。

由於日本史是這樣被架構出來的，因而無法逃脫歐洲創建的世界觀。厭惡馬克思主義的人，其實也利用著此一框架。

日本人的劣化肇因於明治以降的教育

我一直認為，由於戰後日教組③教育的影響，日本人不只歷史觀有所扭曲，在各方面上，亦有所劣化。不過，在讀過伊原吉之助氏（帝塚山大學名譽教授）的文章（刊載於《產經新聞》「正論」月刊，二〇一二年四月十二日）、聽他指出「明明幕末人才濟濟，為什麼現代日本沒有很好的指導者？其理由在於明治以降的教育之影響」後，我感到恍然大悟。以下予以介紹。

「江戶時代的日本雖然持續發展，然而各藩被強迫從事『參勤交代』④而不得不落入財政劣勢，此即江戶幕府的設計。讓農民們負擔龐大稅負、承擔借款的各藩，必須想辦法讓農民不反抗藩主、努力工作，故而實行重視人的王道政治。為了培育以王道政治為教育理念的指導者，遂創設藩校，進行人才育成。於是，形成了在上位者對下位者慈愛、在下位者為了實施遠大政策的藩主而努力工作的社會。

與此同時，培里（Matthew C. Perry）來到日本。日本被要求供給原料、開放市場，進而開國了。縱使幕府、各藩擁有領導型人才，卻無瞭解西方事務的專家，因此日本知識階層開始致力於學習外國事務。

明治維新以後，無論是帝國大學或是陸海軍的大學，均集中於外國語教育和專業教育，沒有從事指導者教育。新式明治教育所培育的是官僚、幕僚及專家。要言之，雖然教育出為侍奉偉大的指導者而盡力工作的人，但這些人卻不具備做為指導者所需的魄力和決斷力。

即便如此，到日俄戰爭為止，由於仍存在江戶時期所培養的人才，才未耽誤大局。

但是，日俄戰爭後，國內全都是在明治期接受教育的官僚、幕僚及專家，所謂指導者，已因喪失綜合能力而矮小化了。即便是帝國大學的畢業生，在進入領導階層後，雖對於被分配的工作與目標懷抱熱誠，但會思考哪些事情對國家有作用的人才，卻逐漸消失，日本的國策也漸生頓挫。

進入昭和期後，改由中堅官僚經營國家，亦即世稱『下克上』的時代。政治上，指導明治維新的元老已老去，影響力下降，時代也從明治以來由知名政治家掌握一切，轉變為大眾民主主義，經濟亦自輕工業轉換為重工業。

第一次世界大戰有著劃分時期的意義。自此以降，社會樣貌轉變，具備新知識的中堅分子開始輕蔑陳腐的老一輩。在迎來重化學工業時代後，因應前期輕工業時代的自由放任政策與金本位制度，亦不再適用於社會。

昭和時代在開始之際，即受金融恐慌而挫敗，政治上放棄了延續元老掌控政治的政黨政治。由於在蘇聯的五年計畫中，中下階層出身的新知識階層受到重視。在此影響下，被派遣至滿洲國而累積重化學工業經驗的官僚，連同新官僚一同受到社會的讚賞。接著，進入到昭和年代第一個十年的『國家總動員體制』。

支那事變⑤以來，中堅官僚們並未在議會監督下限制預算，而是沉醉於經營國家的快意，在戰爭持續的局勢下躁進。因此，無法解決支那事變。

官僚與指導者的不同，是即便經營國家，亦不用負責任。即便如此，由於我國仍有天皇陛下的存在，好不容易才步向終戰。

戰後，仍延續著由中堅官僚主宰國家的施政體制，此種體制從戰後復興至高度成長期為止，均能發揮效果。然而，在領導者欠缺對大局的體察而做出判斷的狀況下，日本雖然在繁榮期取得成功，但一旦逼近衰退期、或面對不明確的未來，官僚便化為烏合之眾，整個社會只會緩慢前進，無法突破障礙。」

以上，我雖然適度地改變文章話語的結尾，但我認為，實情就是如伊原氏所指摘的那樣。

日本的自虐史觀起於俄國革命

對於教導學生「戰前的日本在大陸盡是做壞事」的左翼日教組而言，歷史的起點係發生於一九一七年的俄國革命。俄國革命成為劃時代的分水嶺。此一革命及其以降的共產主義意識型態，在今天的日本依然帶來巨大影響。

日本的天皇明明不是一種制度，卻出現「天皇制」的用語，原本就是共產主義欲廢除天皇而提出的說法。反感「日之丸」國旗和「君之代」國歌、主張取消君主制、主張敵對的資本主義國家必須解體等諸多反日思想，也是由以世界革命為目標、成立於一九一九年的共產國際所主導。

馬克思主義雖然說「宗教是鴉片」，實際上，他們卻排除不信奉馬克思的人，以「馬克思主義以外的思想不過都是是陰險的權謀」而予以割捨，因此馬克思主義也算是一種宗教。對於「人類抱持理想行動」一事，馬克思主義一概不予承認。

共產國際本身就充滿權謀，因此才會認為他人也在玩弄計謀吧。從而，日本抱持理想、前進滿洲之事，也就變得充滿了陰謀。到俄國革命興起的一九一七年為止，誰也不認為滿洲是中國的一部分。但是，共產國際煽動中國人「滿洲是中國的」，促使中國人對滿洲產生國家、國民意識，從而開始驅逐日本人。

接著，在滿洲事變⑥後成立的滿洲國，共產國際又說「那樣的情況，不正是由於日本的策劃嗎？」從而使中國人除去了對英國、美國及俄國的反感，變成「只有日本人有錯」的狀況。如此一來，從日清戰爭起以來的各種事件，全都變成是日本所策劃。俄國革命果真是改變了世界。

更糟的是，日本在戰爭中落敗後，前來統治日本的 GHQ（General Headquarters）、亦即在聯合國軍最高司令官底下工作的美國人，不少人都有著共產主義的思想。日本在美軍約六年的佔領下，戰前被壓抑的日本左派系統就任要職，教育界亦受到影響。由於他們深深浸淫於左派思想，就在這個時期寫下了不說共產國際的壞話、只有軍部是惡人的歷史。

回到日本戰前，試著設身處地站在那個時代看問題，就會發現蘇聯的驚人可畏之處。不只是軍事力量，連在思想上都透過意識型態進行侵略，此即滿洲事變發生的原因。支那事變也一樣，其實全部原因都在於對方，卻將之逆轉，說是日本不對，歷史也就因此變得莫名其妙。

現在的中華人民共和國，雖與俄國有所爭執，但畢竟是在共產主義下誕生的國家。若從此一立場回顧過去，日本意圖在滿洲創造不同的國家，則被中國認為是造成了對自身的阻礙，當然就會被寫成是壞事一樁。

為何學習歷史？

在此，進入「為什麼我們要學習歷史」的正題。

我認為讀者們在閱讀歷史書籍之際，必然有著「希望清楚地區分出行為的善惡」、

「想知道是哪個地方出錯了」這樣的心情。不過，認為「不需要討論『為什麼做出那種事情』」、「不想讀全部是藉口的書」的讀者，想必也不在少數。

然而，那些都不是歷史。所謂的歷史，是要闡明因果關係。

如同岡田英弘在《所謂的歷史是什麼》一書所寫，歷史不是判斷個人或國家行動在道德上是正義或邪惡的場域。對現代國家而言，亦非判斷孰好孰壞的場域。歷史不能介入道德價值的判斷。

從現在的立場來區分好壞對錯，並非歷史，而是政治。也就是說，決定什麼對現在的國家或人們是好或壞，不能稱為歷史。歷史不是法庭，這是我和岡田英弘所認為的歷史學。

我們身處在現在進行式的世界，不能在中途就下定結論。我們歷史家的義務，是盡可能按照原樣呈現發生過的事情實態，為了讓後世人們瞭解來龍去脈而留下說明。

學習歷史，若用比喻來說，是和科幻小說一樣，為了對於「當時發生什麼事」、「為什麼變成那個樣子」、「身處當下的人們如何考慮」等事，做出帶有現實感的理解。因此，我認為優秀歷史家原本的使命，是盡可能地將所發生之事，正確地、帶有臨場感地表現出來。

當然，沒有完全的「好的歷史」。書寫歷史的人並非完美，史料亦是有所偏差，更沒有完全公平、中立的立場。

即便如此，書寫歷史是為了將已發生事件進行前後連貫的說明，從而留下更好的歷史。問題在於，是否可以寫出具有統整性的說明，讓無論是多年後的人們、或是從外國人立場來看，都能令他們想到「哦，原來如此，那件事原來只能是這樣解釋」。判斷善惡，不是活著的人們要做的事，若真的要想，就把它當做是閻羅王的職責吧。

這一點正是中國文明所無法達成的。「過去日本所做的全都是壞事」這種善惡判斷的言論，不值得賦予歷史之名。然而，中國人、韓國人談到「歷史」時，就是這種判斷善惡的言論。雖然日本和中國都用漢字，但即便是相同的漢字並排在一起，依不同的文明，其意義也就完全相異。

日本人和中國人歷史觀的歧異

談論滿洲時真正必須注意的，即是「何謂史實」。

中國人是從歷史的開始、亦即五千年前，來說明滿洲屬於中國。對他們而言，中間的因果關係沒有必要。然而，真正的歷史是辨明因果關係，說明什麼時間發生了什麼事、事情和事情之間的聯繫，這才是歷史。

這是歐洲文明的「歷史之父」希羅多德寫作《歷史》的手法。在我們日本，帝國大學（今東京大學前身）創立於明治十九年（一八八六年），自隔年招聘猶太裔德國人里斯（Ludwig Riess）起，便引入了里斯的老師、德國偉大歷史學者蘭克（Leopold von Ranke）所提倡的，重視實證的歐洲型歷史學研究方法。

從那時起，超過一百年以上的時間，認真的日本人熱中於研讀始自歐洲文明的近代學問，認為因果關係才是歷史。然後，他們想著「若是闡明出歷史的真實，中國人、朝鮮半島的人就都能理解吧」，故努力地向對方傳達史實。不過，對中國而言，歷史基準是現在，這點是毫無妥協空間的。

不只如此，今日的日本人為了與中國人好好相處，便接受了對方虛構的歷史。在此狀況下，謊言日漸增加，中國人、日本人說詞的歧異也日益擴大。日本人雖然也會說小小的謊話，但不擅長漫天大謊。要是說了大謊話，會因無法顧及首尾而應付不及。「要是這樣，那還是說真話比較好。」這是一般日本人的想法。

但是，中國文明原本就是以表面所見來取勝。中國人誰也不過問對方是否真心說話，因為他們認為本來就不可能闡明真心。因此，自己也不會探究到底。中國人所謂的「不說」、「不想」這類想法，其實就是「不拘泥於那些事」、「隨便怎樣都好」的意思吧。

關於日本的大陸進出，戰後的中國人只會說：「總而言之，就是日本人為了自己的發展、賺大錢，而來榨取我們。」以日本人角度來看，是儘管做了莫大的投資，卻還是吃虧了。這是由於雙方都只從經濟觀點來看事情，取用或被奪取、賺錢或損失，都是只從金錢角度出發的各說各話。

從中國的立場來看，歷史是「日本早在日清戰爭之時起就注意著滿洲，圖謀奪取大陸資源」。然而，真相完全不是如此。實際上，日本投入日清戰爭，是為了保障本國安全，認為「要是連朝鮮半島南端的釜山都變成俄國或清朝領地，那就不好了」，才投身戰爭。因此，真相是日本人最初只是想著「如果能安定朝鮮半島即可」，沒想到在朝鮮半島之外，與之陸地銜接的滿洲也住著朝鮮人，才這樣一點一點前進。

結果，接受中國人結果主義歷史觀而書寫的滿洲史，並不合理。我所親近的出身臺灣的黃文雄，稱讚戰前日本所作所為都非常好。究其根據，他以臺灣與海南島相比為例，認為「日本來到的臺灣有如此發展，中國人去到的海南島，則是相當糟糕」。我認為黃氏也是中國人思維，比起因果關係，還是更在意結果為何。

對於日韓併合後韓國的歷史發展，不畏來自韓國的批評、正確評價日本作為的吳善花，也悄悄地逆轉立場，表現出韓國式的看法。本以為他們會想詳細知道日本人為什麼會變成那樣，背景和動機是什麼，但，黃氏與吳氏對此好像不是很有興趣。

真實的朝鮮史

日本最近很流行韓國的電視劇，但是劇情前後不連貫的地方也未免太多，幾乎已經是幻想的世界。每當我說「日本人雖想知道真正的事實，中國、韓國卻不這麼想」，日本的年輕人就會驚呼：「咦？中國人不想知道真相嗎？」但是，就連「真實」究竟是什麼，亦是依據文化不同而有所差異。

日本為了安定朝鮮半島，而將其納入日本，但並沒有把它當作殖民地來榨取的意思。想要令朝鮮人「日本人化」，雖因作法不高明而起了摩擦，但也是想讓朝鮮如日本般近代化而做的善意行動。

在《歷史通》雜誌（二〇一二年五月號，Wac 出版）中，刊載了一篇小名木善行所著〈日帝支配資料館「施虐日本人」的真面目〉的文章。如同中國有南京大屠殺事件資料館一般，韓國也有日帝支配資料館，在其中，留下許多據說是日本施行殘虐行為的照片。然而，那其實是朝鮮人所做的行為。

日本統治朝鮮半島時，大量地採用熟悉當地語言、地理的朝鮮人為輔助人員，這些人對其朝鮮同胞施以殘酷對待及拷問。據該篇文章記述，日韓併合後，出現所謂的「殘虐日本人」，其實全都是穿著日本憲兵軍服或日本警察制服的朝鮮人。

如同韓流歷史電視劇頻繁出現的場景一般，在李氏朝鮮時代，拷問是理所當然的。日本在日韓併合後，制定法律而禁止拷問。但是，儘管法律有所禁止，當時被部分特權階級欺壓的朝鮮人，藉著日本權力報仇雪恨，而對原應是同胞的朝鮮人施以嚴苛殘酷的暴行。

支那事變中，常聽聞已變成日本人身分的朝鮮人對支那人洩憤。在朝鮮推行的創氏改名政策，也包括那些想在滿洲對中國人擺架子的朝鮮人改為日本姓名的情況。其實，是朝鮮人自己想要創氏改名，日本人絕對未強制進行。實際上也有以原本朝鮮名字從東京帝國大學畢業、當上日本帝國陸軍中將或成為奧運選手的人，有能力、自信的朝鮮人，都能保留原本的朝鮮名字而生活著。

日清戰爭後，在朝鮮王妃閔妃因輕視日本、轉與俄國合作而被暗殺的事件中，公使三浦梧樓雖然被視為罪犯，但暴徒幾乎都是朝鮮人。《歷史通》雜誌二〇一二年一月號出刊的文章指出，被指為閔妃的照片其實是假造的。若是這樣，由於知道閔妃長相的，只有她的公公大院君，此事便成為日本被捲入朝鮮宮廷權力鬥爭的事件。三浦氏一言不發地負起此惡行責任的行為，正是日本武士的偉大之處。

與此相似的故事，還有在關東大地震中被指稱殺害大杉榮⑦等人的甘粕正彥。我認為甘粕正彥絕對沒有下手。即使如此，他仍以憲兵隊負責人的身分承擔罪責。由於身為軍人，甘粕氏沒有向誰抱怨而接受裁決入獄，出獄之後當上滿洲國電影公司「滿映」的理事長。若是真正的罪人，陸軍不會如此重視甘粕；反而是因為知道他承擔罪責，為了彌補，才在遠離日本之所給予他職位。

由於甘粕本人未曾有過任何表示，這些不過是從因果關係而得出的旁證，但是他的親屬也寫下「果然不是他下手的」之說明。若是他真的殺人，身為日本人會出家成為和尚吧。

我認為日本人過於認真，問題發生之時拼命考慮，隨時想著要做到最完善的對應，這是不是不太好呢？我最近也一直思考，對於從幾千年前留到現在的問題，要放著不管才是。日本人那種馬上要清楚分出黑白的性格，是行不通的。

臺灣、朝鮮、滿洲應該當作日本史來看

接下來，試著考慮戰後日本人對滿洲的歷史觀。

戰後，日本採取何種有關滿洲的教育呢？以我的想法來說，包含滿洲、臺灣、朝鮮

在內，都應該當作日本史來看待。臺灣與朝鮮一度是日本的領土，滿洲雖然不是日本的領土，但有很多日本人幫助滿洲建國，也是受日本影響的國家。

自一八九五年至一九四五年五十年間的臺灣，自一九一〇年至一九四五年的朝鮮，就是日本史。關於滿洲，也應該從一九〇五年日俄戰爭勝利後至一九四五年為止，當成日本史來看。但日本完全沒有這麼做，這才有問題。

日本人不理解上述情況，其實是問題所在。到現在，日本人「不想知道滿洲的歷史，韓國、臺灣也放著不管」的態度，若是發生什麼衝突，就會轉變成「希望全部只有日本人、希望外國人全部離開」的立場，大多數日本人都如此想。就像一提到從軍慰安婦的問題，就會說「在日朝鮮人滾出去」，但這完全不合道理。

究其原因，這是由於日本人不把生活在曾是日本領土的人，當作日本人來看待。這一點從世界史來看就能明白。無論是歐洲或是其他地方，對於自己曾征服、成為宗主的土地，不管好壞都負有責任。因此，就算是出身臺灣或韓國，也有能說日語、喜歡日本文化的人，或在日本接受教育、精神上逐漸與日本人無異的人。僅因血緣不同就有差別待遇，我認為這是日本人的缺點。

但是，如果是對方以此相要脅，那就是對方的問題。但這與以血緣不同來排擠人的觀念，必須分開考慮。日本人有著「日本列島以外不是日本」的固定觀念，如果列舉過往日本人在大陸所做的壞事，只要一說「是到海外的日本人自己不好」，就會被輕易接受。這個既定想法、亦即「只有日本列島之內才是日本」，可說是自《日本書紀》起就一脈相承的頑固世界觀。

原本，歐美人所設想的殖民地，相較於日本人之在外地所施行的政策，在想法上就有根本不同。歐美人的殖民地，是只要避開自己的國家，把其他國家都當是榨取的對象。但是，日本人在歷史上第一次擴大日本的領土，是希望將某片土地變得像日本一樣好的國家。戰後，卻全部被以美國為首的戰勝國，改寫成是「日本人有錯」。

歷史被這樣改寫，日本人也照單全收。明明落入原爆的慘況，卻還想著「這真是太好了，終於覺醒了」，此種想法只能說是大錯特錯。戰後日教組的歷史教育，被說是自虐史觀，就是這個原因。「是去外國的傢伙不好，所以我們輸了。你們不這麼做的話，我們也不會落到這般境地，也不至於遭到原爆了。」這種因果關係的思考方式，實在是一種錯誤。

就這樣，從大陸被遣返回來的人們，什麼也不能說。就連他們的孩子，也被不明就理的人用「你們不正是加害者的孩子嗎」的態度對待，過著辛苦的生活。

歐洲人在殖民地不開設學校，不使當地人接受教育，只讓他們如牛馬一般工作，自己將當地的生產物帶回母國而受惠。日本人則是對等地對待當地人。

確實，日本人曾因為不甚瞭解當地情況，而做過不好的事。這在戰後招致批判，但批判的方式卻從一開始就像被固定了一般，全是模式化的內容。批判者們將自己當作開明人士，以前的人則是惡人，製作出能讓自己置身事外的「不在場證明」，意圖昭然若揭。儘管今日的日本，是在過去日本人的遺澤下過著舒適生活，卻還是將過往的日本人當作惡人，這種作法，與其說是被害者性格使然，不如說是低下人類的作為。如果是有尊嚴的高尚之人，就應該想著要直接面對真相、而負起責任，並以此做為日後生活的動力。然而這種生活方式，與向今日政權諂媚偷生的現實完全背道而馳。

只從日本的角度所看見的滿洲

至今為止，日本的滿洲研究最大的問題，是只侷限於從當代日本出發的觀點。無論就東京與滿洲當地的關係、還是軍人與政治家的互動等，研究興趣都只針對日本人，幾乎未曾對「滿洲」這塊土地付出關心，也不理會活躍於滿洲的人們，戰後回到日本所帶來多少影響等等，一律只從日本中心看滿洲國。

日清戰爭、日俄戰爭、關東軍滿洲事變等議題，這些都是從日本角度出發的看法，滿洲這塊土地不過是被當作「背景」。然而，實際的滿洲，不但和朝鮮、蒙古有明顯關連，亦和發動鴉片戰爭的英國、推行門戶開放政策的美國等國有關。原來的中國，也從清朝變為中華民國。因此，如果不從國際關係加以考慮，就無法瞭解滿洲。應該將滿洲放在世界史的脈絡中討論。

在日本教科書所教授的日本史中，滿洲只是做為日本帝國主義之冰山一角而出現。若不考慮在朝鮮、臺灣或是委任統治領地的南洋諸島，都有一般日本人生活著的事實，是不夠完備的。對我而言，將到外地的日本人視為特殊日本人的認識框架，相當有問題。反過來說，全世界各個國家內部都存在多種民族，但日本人對同一民族卻超越國家框架而生活的狀況，卻所知太少，既不將住在日本的日裔巴西人當成一般日本人來對待，也幾乎不曾留意生活在美國的日裔美國人。

說到土地與民族，美國人在寫到滿洲事變和日本人狀況的書籍中，提到「一直以來存在著『在滿洲，相對於漢人有三千萬人，日本人因為是極少數，所以滿洲是中國的』的意見，但若真是如此，那麼比起美國人有更多日本人居住的夏威夷，就屬於日本嗎？」誠如此言，以「只有多數決和民主主義方是正確」的價值觀，面對過往侵佔的歷史或是考慮統治的方式，終究難以辨明真實。

陰謀存在嗎？

關於滿洲，關東軍的陰謀像是理所當然一般被提起。但是，我認為其中完全沒有陰謀，甚至還想說「請好歹多想一些陰謀」。

歷史家的工作接近推理小說或科幻作品，又不像小說家一樣擅自捏造故事。學者的責任，是要反覆做出具有說服力的推測。舉例來說，關於張作霖被炸身亡事件，根據最近的種種資料顯示，可以發現出自共產國際陰謀的可能性很高。這是推測，而非陰謀史觀。

在現代日本，有許多號稱是書寫歷史、卻根本不能視為歷史的書籍。最近暢銷的書籍中，像是與那霸潤《中國化的日本》、內田樹《日本邊境論》、加藤陽子《即使如此，日本人還是選擇「戰爭」》等等，都是一開始就決定結論，而為配合結論、只陳列出方便說明的事實。在我來看，都是很糟糕的書。

如同懲惡揚善的漫畫一般，如果以「既然結果出了錯，原因必然是從最初就想錯了方向」為前提而組合故事，這種故事一定因為簡明易懂而膾炙人口。但是，真實世界中所發生的事，遠為複雜得多。這令人不禁要說：「等一等，就算故事說得簡明易懂，但到底是不是真實的呢？」

關於戰前的歷史就是如此。若是要將發生過的事件全部都放進來談，就不能沿著預先決定的故事來說明，故而只陳述日本做過的事。如此一來，欠缺「對方先做了壞事，日本人為了對抗非那麼做不可」的說明，就只有日本的所作所為被突顯出來。結果，日本人就成為不明就理、一味殘虐的角色。追根究底，那都是關於政治主張的書籍，即便讀了，也無法證明任何事情。

開場白雖有些長，不過，本書的目的是希望極力排除前述政治主張，而闡明史實為何。那麼，就開始說說關於滿洲的事情吧。

滿洲大陸的秋收景色

目錄

目錄

第一章 自日清戰爭至中華民國建國前

第二章 中華民國建國後到滿洲國建國

目錄

第三章 滿洲國建國、崩壞以及其後

目錄

目錄

序　章

何謂滿洲？

滿洲相關書籍

市面上有不少滿洲相關書籍，像是戰後遣返日本者的故事、滿洲鐵路公司的故事、開拓民眾的故事等。每一種故事都有個別焦點，累積了不少個人體驗，卻沒有總括整體脈絡者。

由於滿洲國隨日本戰敗而消失，沒有整理當地資料，現今的滿洲歷史是由再次征服當地的北京所認定的單方面看法。亦即創造滿洲歷史的，是從南方來統治滿洲的異民族。對滿洲而言，日本人本就是異民族，就連現在的中華人民共和國領導層，也是異民族。因為現在留下來的只有這些異民族的說法，不僅不能期待出現對滿洲歷史的詳細研究，即便將那些異民族說法當作故事來看，也無法視之為史實。

事實上，滿洲單獨的通史，除了拙著《世界史中的滿洲帝國》（PHP 新書，二〇〇六年；二〇一〇年 Wac 文庫版題名《世界史中的滿洲帝國與日本》）以外，戰後並未再有其他相關出版品。而由於拙著是從滿洲角度出發的通史，花費不少篇幅敘述滿洲國前史，在書籍刊行之後，收到不少讀者要求「請多著墨日本與滿洲國的關係」。但就當時而言，光寫這樣的書就已耗盡心力。故而，再多花了一些時間寫作本書，做為前著續篇，也算是回應老讀者的要求。

寫作本書期間，二〇一二年十一月，吉川弘文館出版了《二十世紀滿洲歷史事典》。我滿懷期待地閱讀了該書，卻發現該書因為全盤參照了戰後出版的諸多滿洲相關書籍，依項目不同予以分類整理，結果在歷史觀上並未超越本書〈前言〉所說的「左翼自虐史觀」。不過，即便如此，日本社會出現「寫作此類書籍」之風潮，依然值得欣喜。

何謂滿洲？

那麼，首先從「何謂滿洲」的大前提談起。

原本的滿洲之名，說是種族，不如說是一定範圍的集團名稱。由於「民族」的概念要到十九世紀才出現，在此即以種族稱之。

這群人們是住在東北亞森林地帶的狩獵民，古來稱做「jušen」（女直、女真），曾建立「金」王朝。十三世紀成吉思汗創立蒙古帝國之際，成為其家臣。

蒙古人的元朝失去殖民地的漢人領地、撤退到故鄉的草原後，狩獵民女真人自明代起，在黑龍江森林地帶因從事毛皮、朝鮮人參、淡水珍珠的交易而致富，首先和過往的主君蒙古人結為同盟，接著將進入遼東地區墾拓的漢人農民納入統治，而在萬里長城以北的瀋陽建立了清朝。

女真一詞有著「屬民」意味，不適合新王朝的統治者，故而在清建國的同時，將種族名改為「manju」，漢字寫為「滿洲」。「滿洲」也因此首次成為集團名稱。

將滿洲人出身的故鄉土地稱做「滿洲」的，其實是日本人。一八〇九年高橋景保製作的〈日本邊界略圖〉（見下頁），將阿穆爾河（Amur River，黑龍江）包夾的清朝領土記為「滿洲」，「鄂霍次克海」（Sea of Okhotsk）對岸稱做「西百里亞」（西伯利亞）。

王朝領土變遷

由滿洲人當皇帝的清朝，最初只統治萬里長城以北。明朝因內亂滅亡後，滿洲人便越過萬里長城南下，繼承明朝而統治漢人領地。從而，清朝領土比建國之初變得廣大了。繼承明朝的清朝，統治地區也隨之增廣。

原本中國的王朝，無論在哪一個時代都無法確認其國境。對中國王朝統治階層而言，所統治的土地是和緩地向四方延伸、不需劃分境界以決定領地的。此稱為「屬人主義」。因為抱持「人民可以成為屬臣，土地不行」的想法，只要有屬臣存在之處，該地就

日本邊界略圖

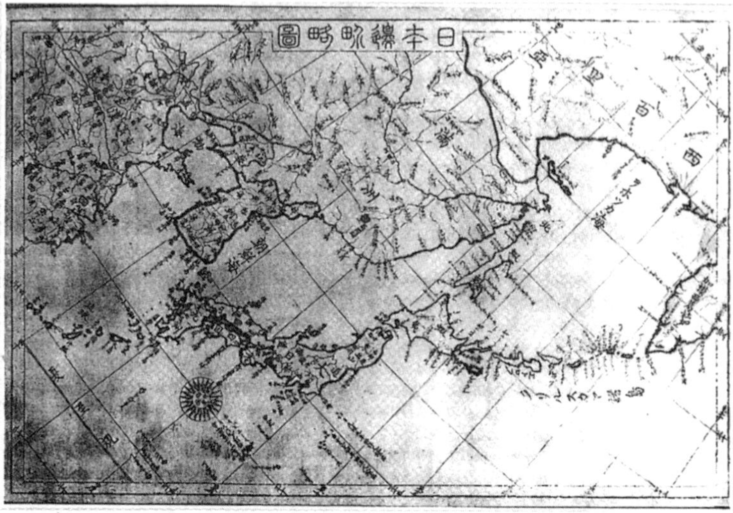

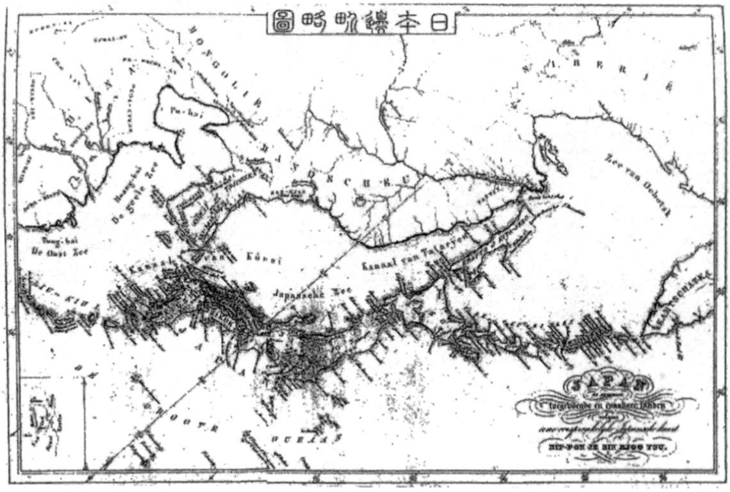

下半部為西博德（Philipp F. Siebold，1796-1866）所著《日本》（1832 年刊行於荷蘭）記錄之版本

自然成為統治版圖。從而，也不以像現在世界史教科書地圖一般地，以顏色清楚劃分不同國家。無論滿洲人或是蒙古人，都沒有佔有土地、為其命名的意識，上述名字都是遲至近代化後才取的。清朝、蒙古帝國畫有國境界線，也是為了現代教育製作地圖而來，說到底其實是便宜之計。

不管是清朝，還是其他王朝，在數百年的時間中，統治範圍變大變小都是稀鬆平常之事，依時期亦有不同。舉例而言，若將「唐代的領土遠及中亞」一言地圖化的話，是錯誤的。極端地說，這是要將唐代的人民去過的地方，都當作唐代領土而化為地圖。比如說，從某地派過一次使者來締結友好關係，或是有過親族設宴款待之事，在地圖上就塗成唐代領土的同一顏色。說得更明白一些，即便是數百年間只派過一次軍隊去的地方，不管進行什麼樣的統治，就在地圖上塗上唐領土的顏色。

如果日本和中國一樣，將以前有過日本痕跡之處都當作日本領土而做成地圖的話，會有四十八頁之多的地圖。這是表示大東亞共榮圈範圍的地圖，日本也是不會將這樣的東西放在教科書上的吧。但是，大日本帝國正是曾經有過這樣廣闊的領土。

大東亞共榮圈（日本最大勢力範圍）

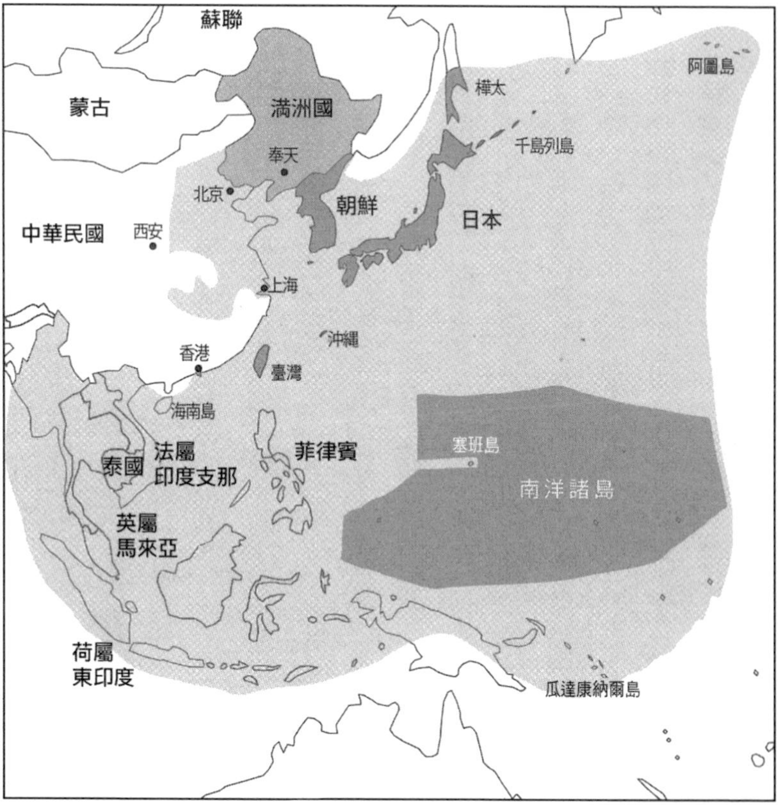

俄羅斯南下滿洲

統治土地範圍曖昧不清，對於居住於四周環繞海洋的島國日本的我們而言，是很難以理解的。中國因為是一邊和遠方進行貿易一邊擴張勢力，若無爭端即無劃清國境界線之必要，故而滿洲人的國境概念亦是相當薄弱。

然而，清朝建國之後，隨即受到北方俄羅斯的壓力，遂出現決定國境之必要性。經過俄清六年戰爭（雅克薩戰役）後，一六八九年締結《尼布楚條約》。這可說是中國最早的國界確認。接著，英法從南方進逼的十九世紀中期，清朝和英法兩國交涉停戰之際，俄羅斯趁機介入「調停」，一八五八年簽訂《璦琿條約》。藉此，俄國將國境推進到比《尼布楚條約》還要南邊的阿穆爾河（黑龍江）一帶。

這個時候，由於清朝建都北京已久，故鄉滿洲人口漸少，陷入被放置不管的狀態，對於俄羅斯勢力進入的意圖也幾無對應。滿洲雖為父祖之地，但因人口幾乎南下，經過幾代之後，在北京的大臣們也變得不清楚當地事務了。

從《尼布楚條約》訂立到乾隆皇帝（一七三五—一七九五在位）的時代為止，清朝曾經製作非常正確的地圖，熱中於確認國境，所關切的國土範圍遠至中亞。然而，自最後的游牧帝國準噶爾汗國於一七五五年滅亡，經過一百年到了十九世紀中期，自北京派來的官員已經連當地河川名稱都不甚瞭解。

清朝時代的滿洲，設有奉天將軍、吉林將軍、黑龍江將軍三位大將軍。將軍駐紮地設在便利的市街，周圍有八旗兵，偏遠河川地則沒有任何人駐紮。漸漸地，人們都南下到交通便利且富饒的地區，俄羅斯人（其實是曾為中亞游牧民的哥薩克人）進入滿洲墾殖，土地遂被武器、知識都豐富的俄國人奪走。

就這樣，俄羅斯從清朝那裡奪走阿穆爾河（黑龍江）以北、烏蘇里江以東的沿海州（Primorye），將之收為本國領土。這也是之後滿洲國與蘇聯的國界。一九〇〇年義和團作亂，並引發義和團事件，俄羅斯遂越過國境，實際統治了滿洲。

滿洲的民族

日本人難以理解滿洲的還有一處——滿洲的民族。如同前述，「民族」一詞出現於十九世紀末至二十世紀初，在此之前並不使用。要說的話，會使用「狩獵民」、「游牧民」、「農耕民」等詞彙。

原本滿洲人就是狩獵民，並不像農耕民一般地在固定範圍內生活。由於不從事農業，故亦沒有必要聚居。對狩獵民而言，行動範圍廣闊比較有利。又，在自己的活動範圍中，混居著許多語言互不相通的異民族，也是很平常的狀態。

建立清朝的女直／女真人是什麼樣的人們呢？在遼、金、元、明的史書中，將當地語言「jušen」寫為「女直」，南宋、朝鮮的史書則寫做「女真」。我使用「女直」一語，此名為漢人所稱。滿洲人本身，亦即被稱做清太祖的努爾哈齊、太宗皇太極，於自家王朝興起之際，在自己血緣上最為親近和稍微疏遠的不同部族中，有著不同名字。不過，清朝建立時，已決定稱同樣出身狩獵民的被統治者為「滿洲」。「滿洲」一名的適用範圍，大致上決定下來。

對於其他不在此範圍內的種族，滿洲人將與自身相似者稱為「新滿洲」、蒙古系稱「達斡爾族」、通古斯系為「鄂倫春」。各種族與滿洲族相差越遠的被放在越外層，形成同心圓一樣的印象。

「滿洲」這樣的文字，係漢人將其種族名「manju」音譯而來，為什麼兩個字都加上偏旁的三點水呢？原來是意識到他們跟水的關係，加上國號「清」也有三點水，於是選了這樣的漢字。從而，要是使用除去三點水的「州」字而成「滿州」，就變成純粹指稱「滿族的土地」，而非原有固有名詞。因此，戰後中國在否定過去的氛圍下，出現過將滿洲寫為「滿州」之風潮，就在此停止吧。就算在日本，留在東京車站南邊出口的，不也是「八重洲」這樣的漢字嗎？

處於努爾哈齊統治下的人們，稱為「manju gurun」（滿洲國／滿洲固倫），「gurun」漢字譯為「國」，跟蒙古語「uls」一樣。蒙古語「uls」原來是集團、領民的意思，「mongol uls」意為「蒙古人的集團」。亦即，「manju gurun」指的是「滿洲人的集團」。

在這裡應該注意的是，「滿洲」此一種族統治的是人，並不統治土地。如同前文所言，滿洲人沒有統治土地之概念，故而「manju gurun」指稱「滿洲人」、「滿洲族」（滿族在現在中國被當作少數民族之一）。

誠如前文所述，由於高橋景保的地圖寫著「滿洲」，日本人就把「滿洲」想為土地稱呼了。英文將滿洲人居住之處寫為「Manchuria」，蒙古人居處則是「Mongolia」，這是後來俄羅斯人、英國人等外國人決定的說法。

滿洲的氣候

若是看地圖就能明白，滿洲是相當廣闊的地域，氣候狀況因場所不同而有相當差異。整體而言，滿洲比日本寒冷許多，哈爾濱的緯度比北海道稚內還要高，新京（長春）也比札幌還要靠北邊。氣溫部分，冬天平均攝氏零下十五度，北方的黑龍江與松花江江水在冬天期間、亦即有近半年時間是冰凍狀態。上廁所小便立即凍成冰，連睫毛都會凍結。南方的鴨綠江、遼河，冬天也有三個月是冰凍著的。不過，夏天平均氣溫多半超過二十度，年降水量五百至六百公釐左右。六、七、八月三個月間，會降下年降水量百分之六十的水量。

滿洲北方為森林地帶，南方有少部分平原，河邊地區從以往就能從事簡單農業。黑龍江地區過於寒冷而幾乎無法務農，鴨綠江、遼河、松花江周邊則能收穫高粱、玉米等作物。滿洲國西邊的三分之一地區，到清朝末期都是蒙古草原。縱向橫亙於滿洲的大興安嶺山脈東側山腳，是滿洲平原和蒙古草原的分界。過去蒙古游牧民會跨越山嶺，在山嶺到山脈東側山腳之間的廣大地區中從事游牧。滿鐵車站的瀋陽、遼陽，從以前就是游牧民、狩獵民和農耕民交換生產物的據點，因而成為繁榮市街。

何謂滿洲人？

「滿蒙」這樣的詞語雖是指稱滿洲和蒙古，但因滿洲、蒙古並沒有明確劃分國境，不如說清朝最初是滿蒙政權。接續清朝的滿洲國也是滿蒙政權，滿洲從最初就和蒙古密不可分。

蒙古帝國時期，為了徵兵而實行人口基礎調查，百人隊、千人隊、萬人隊等軍事編制，基本上能反映統治部族人口，血緣、親族集團也清楚劃分出來。這點跟滿洲人有所不同。

滿洲人之中，男子在西伯利亞的北方針葉林中捕捉貂、狐、栗鼠、美洲貂等動物，於長白山原始林中採集朝鮮人參、木耳、蕈類、松果，於河流中摘取淡水珍珠等，再到遠地進行交易。從事農業的多是家中奴隸，和留在家裡的女性一同耕種旱田、養豬。家中奴隸多是從朝鮮半島帶過來的朝鮮人，雖說是奴隸，也是和主人同住一屋，同吃一鍋飯。故而，幾乎沒有辦法只純粹計算滿洲人的人口。

逝世後被稱為清太祖的努爾哈齊，將自己統治下的部族區分為四個旗。到了努爾哈齊之子皇太極的時候，由於統治人口增加，遂分為八部分，建立「八旗」。「旗」是跟種族、部族無關的軍隊組織，分做八個組織，每一組織都有許多不同名字的人。然後，從某個時候開始，屬於八旗的人被稱為滿洲人。亦即，所謂的滿洲人，若不是民族，也不會是種族。因為他們語言並非完全一致，也包含不同人群。

由於擁戴皇太極為清朝皇帝的有滿洲人、蒙古人、漢人三類人，故而清朝公用語言

《滿洲實錄》卷一

《滿洲實錄》是附有插圖的清朝皇室官方傳記，本圖三欄文字由上而下依序為滿洲文、漢文、蒙古文，閱讀順序則是由左而右。圖為《滿洲實錄》卷首的始祖傳說，記載三名天女下到「布勒瑚里湖」沐浴（圖左），當中的么女吃下喜鵲放置的紅色果實後懷孕，留在人間（圖右）。後來生下的男子，即是愛新覺羅氏的先祖。

有滿、蒙、漢三種。八旗也分做「滿洲八旗」、「蒙古八旗」、「漢軍八旗」，但是並非合算為二十四旗，而是滿洲人、蒙古人、漢人各自屬於自己的八旗。其他如俄羅斯人、朝鮮人也有屬於八旗者。這就是「滿洲人」。

若是將這樣的滿洲勉強看做近代國家，便會出現許多不合理之處。我認為現在的歷史，即是將勉強視滿洲為近代國家而衍生的問題歸咎於日本，並予以批判。

戰後，有人會說「滿洲國和理想完全不同」、「完全沒有五族協和」。然而，當時原本就不是處於近代時期，突然創造出一個近代國民國家，不可能馬上就完全符合理想而運作。儘管如此，現今歷史敘述中還是只有日本人受到責難。在這樣的現況下，要是讀者看過這本書之後，能瞭解真實情況為何的話，就太好了。

滿洲人的人口

今天的中華人民共和國，禁止「滿洲人」這樣的稱呼，而以少數民族之一的「滿族」稱之。一九三二年滿洲國建立後，日本人一度將包含漢人在內的滿洲國居民統稱為滿洲人，但今日幾已不再混為一談。滿族指的是原為清朝統治種族的滿洲人，其人口逐漸增加，現今超過了一千萬人。一九八二年時人口不過是四百三十萬人，為什麼人口有如此的增長？

文化大革命結束後，一九八〇年代中國進行人口調查之際，滿洲人幾乎完全漢化。對中國政府而言，滿洲人不像集中住在廣袤自治區的藏人、蒙古人、維吾爾人一般地構成威脅。接著，中國出於安全、觀光等理由，建立了許多「滿族自治縣」。也就是在過去住著許多滿族人的土地、清朝皇帝一族的封建領地和莊園等土地上，建設滿族自治縣。這麼一來，政府決定「由於建立了滿族自治縣，就把該縣某些村莊裡的人都劃分作滿族人」，也就出現包含漢人在內的全村人一同變為滿洲人的情況。

另外，在滿洲人和蒙古人結婚的情形中，由於雙親是不同民族，孩子可以自由選擇要被劃為哪一個民族。我認識的人當中，就有不少人選擇成為滿洲人。在漢人受制於嚴格的一胎化政策的時代中，若是成為少數民族的滿洲人，可以生兩個孩子以上，故而滿洲人的人口日益增加。

然而，即便滿洲人增加，卻幾乎不再有能說滿洲語、讀滿洲文字的人。現在的滿洲人大多都只認識漢字。不過，最近也出現「既然決定成為滿洲人，就認真學習吧」的想法，相關讀書會蓬勃發展。村公所因為「變成滿洲村了」，亦在看板寫上滿洲語，但我們訪視時注意讀過，發現看板上的滿洲語有不少拼錯字的狀況。甚至，為了保存文化，政府機關報導也開始刊載許多關於以往服飾、風俗的記事，滿洲文化研究也盛行起來。

我的朋友——活躍於日本的藝術家金大偉先生，雖然出身愛新覺羅（清朝皇室姓氏，「愛新」在滿洲語即是「金」的意思），卻對我說過「我雖是滿洲人，對滿洲族的事卻一概不知，請讓我請教您關於滿洲的相關事物吧」。金大偉氏去到滿洲，見了被稱為「最後的薩滿」之人，也聽了錄音，但這些只是嘗試恢復一度幾近滅絕的文化之舉，是否能算做真正的滿洲傳統，還無法確知。恢復滿洲文化的難度，簡直就如同在被波布（Pol Pot）完全抹殺傳統文化的柬埔寨，試圖恢復原有的音樂和舞蹈。

比起滿洲，西藏地處偏遠、地勢高聳，處於生活困難的場所，故而漢人直到最近以前都無法進入當地生活。因此，藏人的文字、語言和佛教等留存下來。即便到現在，造訪當地還是相當困難，居住也不容易，漢人仍只在為了存錢的時候才不得不忍耐前往。

滿洲人漢化

滿洲人原本是統治者，有不少人依國家命令到地方赴任。北京內城全都是滿洲人居住區。如同後面會談到的，一九一二年清朝滅亡後，居住在紫禁城的溥儀等人以及眾大臣，到一九二四年被馮玉祥趕出去之前，都仍像清朝還持續著一般地行禮如儀。

北京紫禁城中的滿洲人，到袁世凱去世之前，都沒有什麼問題。但是，在地方的滿洲人，於辛亥革命後，若不隱瞞滿洲人身分就可能被殺害。為此，多數滿洲人都隱瞞身分、捨棄滿洲語。

一九二四年馮玉祥將溥儀等人逐出紫禁城，滿洲人可說是命懸一線，故而他們再一次捨棄了滿洲人的身分認同。第三次捨棄滿洲人認同是在文化大革命之際，像前面提到的金大偉氏的雙親，為了保身，也不得不燒毀重要的肖像畫、滿洲相關物品。故而金氏對滿洲的事情一概不知。

我所教導的國士館大學學生中，亦有滿洲人。他表示，在中國時，老是被以「都是滿洲人的錯，中國今天才會是這個樣子」的理由欺負。他被責備「都是清朝沒有好好治國，中國現在才如此落後」，我告訴他：「這是不對的。清朝時代的滿洲人實施了良好的統治，是漢人的問題，今日中國才落得此般田地。」他吃驚地說「原來是這樣的嗎」。由於歷史文化的斷絕，他被謊話所欺壓，真的是很可憐。

滿洲人的認同已然蕩然無存，金氏也認為自己先是中國人，而後才是滿洲人。有人甚至認為，這樣的想法比藏人保留民族認同的作法，要好得太多了。

岡田英弘氏的學生——哈佛大學教授歐立德（Mark C. Elliott），著有英文論著《The

Manchu Way》（暫譯《滿洲之道：八旗制度與晚期帝制中國的族群認同》）。書中指出，自乾隆皇帝時期起，滿洲人習於太平盛世而漸失本色，皇帝對此感到危機，甚至到必須發令鼓勵眾人「多學武藝、練習射箭與馬術、不忘滿洲語」。

滿洲人南下居於北京後，語言開始有滿漢混合情形。由於漢人人數佔壓倒性多數，從事商貿者等人很快地就熟悉漢字。滿洲人一旦學會漢字後，使用漢字者亦日見增加。純滿洲語的讀物並不很多，若非自發地認真用功，滿洲語就越加難以保存，滿洲人也逐漸習慣漢字文化。

最後，滿洲人變得習於城市生活而養尊處優，滿洲土地氣候寒冷，也就漸漸不再回到故鄉。感受到危機感的皇帝，即便下旨要眾人「回到滿洲、重視故鄉」，甚至發放補助金讓滿洲人回鄉，一度回去的滿洲人亦是很快地感到嫌惡、又返回原地。在此過程中，只有身為下僕而跟著滿洲人過去的貧窮漢人，被留在滿洲、拼命地耕作田園，滿洲人也漸漸將故鄉產業交給漢人打理。

直到最近才為人所知的是，清朝直到一七五五年將蒙古系的最後游牧帝國準噶爾汗國滅亡為止，由於中亞有強大敵人，而一直維持強盛。此戰勝利之後，開始掉以輕心，不再從事外國研究，逐步轉為弱化。

乾隆末年，開始以自身「地大物博」（形容中國的常用句子，意為土地廣大、物資豐富）為傲。接著，在不到百年之間，滿洲大臣已經連滿洲的地形、河流名稱都不甚瞭解了。對當地毫不了解的滿洲人不夠用功，還以為「阿穆爾河以北是俄羅斯，阿穆爾河的源頭是烏蘇里江（事實上並非如此）」，到最後不只是阿穆爾河（黑龍江）以北，就連沿海州都變成俄羅斯的領土。

清朝是「中華帝國」？

清朝的皇帝一族，是從北方南下、原為狩獵民的滿洲人。將本族人全員劃歸八旗組織，從中選取大臣、將軍，其餘滿洲人也都是領取國家俸祿的軍人，以此養家。清朝正規軍，除了八旗兵之外，還有漢人組成的綠旗（也叫做綠營），以及從作為清朝屬臣的蒙古徵兵而組建的騎兵。元朝忽必烈汗子孫的蒙古領主們，被授與和清朝皇族相同的爵位，形成親王、郡王、貝勒、貝子、公等層級，統治著轄下的游牧民。

統治南方漢人地帶的清朝，以科舉選取通曉漢字的人才，使之成為中央官僚。清朝統治系統的巧妙之處，是讓這些官僚都到非出身地赴任。漢人地帶的每個地方各有不同方言，到非故鄉之處赴任的高級官僚，只能依賴被稱做「鄉紳」、會寫漢字的知識人收

清朝的最大版圖與藩部

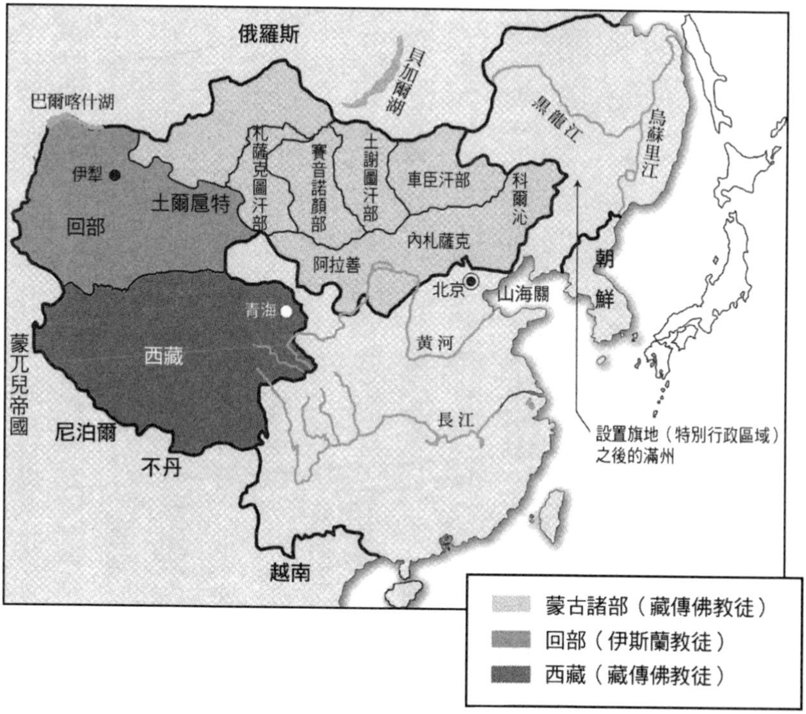
俄羅斯
貝加爾湖
巴爾喀什湖
伊犁
土爾扈特
回部
札薩克圖汗部
賽音諾顏部
土謝圖汗部
車臣汗部
科爾沁
內札薩克
阿拉善
黑龍江
烏蘇里江
朝鮮
北京
山海關
青海
黃河
西藏
蒙兀兒帝國
尼泊爾
不丹
長江
設置旗地（特別行政區域）之後的滿州
越南
蒙古諸部（藏傳佛教徒）
回部（伊斯蘭教徒）
西藏（藏傳佛教徒）

取稅金，不能和自身家族串通。到地方赴任的官員直接和皇帝聯繫，由皇帝掌握全盤。漢人只有經科舉考試而取得最高功名者，才可以學習滿洲語而參加部分中央統治，或以官史身分在中央機關工作。

滿洲人官僚統領國家整體，惟對於蒙古、西藏、維吾爾等地，則在保有各自的法律和語言的情況下進行統治。這些地區的共通語言為滿洲語，故而只有滿洲人能行走各地。屬於統治階級八旗的旗人並不只有滿洲人，有點容易混淆（如同前述，蒙古人、漢人中也有屬於八旗者），但只有統治階級以滿洲語為共通語而在各地之間移動。

日本也好，歐美也好，甚至是今天的中國也好，都稱此一統治體制的國家為「中華帝國＝China」。China 即是支那。日本人說到「中華」、「中國」，就認定他們是使用漢字的人。然而，在現今世界中，包含中國在內的「中華」，被定義為廣域的多民族國家。只有日本人對「中華」的定義有點偏差。我最近在思考，「中國」是從一九一二年中華民國誕生才有的國號，談到古代歷史時，應該不稱中國而稱以「支那」才是。

中國絕非如日本人所想一般的漢民族國家。說到底，「漢民族」本就不存在。就像我屢次強調的，「民族」是一個很新的詞語，「漢」則是三世紀就滅亡的國家。然而，日本人相當長期地傳用漢語，將之稱做「漢字」、「漢文」，也就將使用漢字、漢文的人當作「漢民族」。這是只有日本使用的稱呼。要說「使用漢字的漢民族」，也只有使用漢字這麼一個共通點，其他完全沒有文化、血緣共通性。

日本人自日俄戰爭之際開始使用「漢民族」一稱，並從那時起一直持續使用至今。不過，由於今天的中國談到「民族」時，指的是少數民族。日本人不知道是不是顧慮中國，也漸不再稱「漢民族」。中國人不認為自身是「少數」，故而嫌惡「漢民族」這樣的說法。代之以稱的是漢人、漢族，不使用「民族」一詞。

清朝權力結構的變化

清代開始出現軍閥，與太平天國之亂（一八五一至一八六四年）時滿洲八旗兵和蒙古騎兵無法發揮作用，有很大的關係。清朝正規軍在中亞、北方相當強大，但在南方多河的環境無法發揮作用。鴉片戰爭（一八四〇至一八四二年）以降，進入兵器發達、甚至出現軍艦的時代，古老戰爭方式已不再通用。當時，沿海地方的漢人鄉紳階級、地主階級，因和外國貿易而致富。他們眼看正規軍無法發揮作用，便決意出錢建立自己的軍隊，而自力防衛。這就是軍閥的起源。

鎮壓亂事時，清朝對於上述這些稱做「鄉勇」、「鄉團」的義勇軍，以「就地自籌」

清代的北京內城

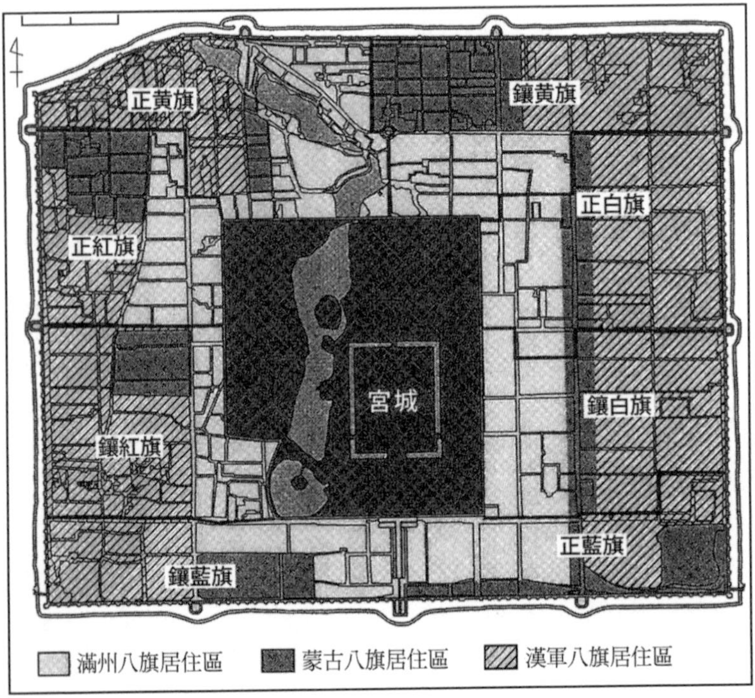

根據歐立德（Mark Elliott）《The Manchu Way》（Stanford University Press.）製作

（駐屯、進軍必要經費，可於當地徵調）理由予以認可。亦即朝廷暫時允許地方在戰爭時，將原來要上繳的稅金用於地方軍隊。然而，在此之後，雖然清廷有意取消該許可，卻難以將一度讓出的權益收回。漸漸地，地方的權力、軍隊變得越來越強。

居此之首的是李鴻章。李氏在軍閥中可說是首屈一指的領頭者，他直接和外國人交涉，購買最先進的武器，也聘僱外國人來教導武器使用方式。清朝讓自己從小培養的部下成為大臣，但不讓他們組織軍隊。相較於此，做為軍閥的李鴻章握有更大的權力。不久後，清廷便招攬他，成為全國官位最高的欽差大臣。

李鴻章雖然憑藉實力爬上高位，卻沒有想過要推翻清朝，自己稱帝。即便他所率領的北洋軍，為了和外國軍隊戰鬥而裝備了最先進的武器，但是畢竟效忠於清朝的家臣為數眾多，層層包圍、把守著紫禁城，要擊潰支配國家二百六十年的清朝並不容易。

到現在的中國觀光，中國人導遊會說「居住在北京內城的全都是公務員」。胡同是八旗兵的家族居住的公務員宿舍，而北京內城滿是胡同。由於滿洲人全員把守著宮城，不容易發生亂事。

滿洲人最早進入北京時，將內城漢人趕走，只留下自己一族圍住宮城。正中間是滿洲人，外側為蒙古八旗，再外圈則是漢人的漢軍八旗，形成三重態勢。就像日本的「旗本」（直屬將軍的武士）一樣，護衛著宮城，紫禁城因而要塞化。清朝果然是長於支配。

而且，李鴻章本身是地方軍閥，也就和其他地方的軍閥互相形成牽制。

西太后攝政乃是正常事

幕末的日本人，對中國大陸的知識相當豐富。部分的日本知識人認真研讀從長崎進入日本的書籍，而瞭解到清朝支配階級其實不是漢族。即便這些知識分子人數並不多，還是拚命地考慮很多事情。

連李鴻章也要為之臣服的最高掌權者，就是西太后。她是滿洲人，而非漢人。西太后能讓那麼多的漢人、滿洲人大臣依她的意向行動，果然是頭腦很好，懂得用人之術。

支那大陸上有過許多王朝更迭，不同朝代的皇帝出身於血緣不相連的相異種族。其中，建立王朝的種族，有四分之三都出身於北方。例如在五胡十六國之後的南北朝時代，建立北魏的將軍以及成為隋、唐皇帝的都是鮮卑族，這個種族即是出身自滿洲北部的大興安嶺山脈。

北方的游牧民、狩獵民，在君主去世之際，他的族人和家臣遠在他方，是很普通的事。在這種時候，多半由君主的妻子處理政務，稱為「監國皇后」。之後，一般就是通知家臣、集合眾人，在適當季節召開大集會，選出下一任君主。若是繼任君主年紀尚小，即由母親監國皇后再次攝政。這也就是為什麼唐高宗的皇后武則天（武后）會有龐大權力之故。這個習慣，也被契丹、女直、蒙古所繼承。西太后能掌握權力，也是因自她的滿洲人出身。在清朝宮廷之中流傳著這樣的傳統，令她的掌權看起來一點都不奇怪。

秘密警察的起源

再者，清朝還設置了像間諜一樣角色的人物。事情要追溯到康熙帝、雍正帝、乾隆帝之時，皇帝將從小培養的部下派往四方，他們在滿洲語中稱為「包衣」。包衣中文翻譯等同「家中奴隸」，但是他們其實是代代都忠於主人一族，擔任管家之責。滿洲人皇帝讓直屬的包衣到重要地區赴任，也將個人網絡擴大到全國範圍、獲取情報。不只是皇帝，皇族也暗中從當上地方官的自家包衣處，獲得情報或財富收入。我認為，西太后掌權時，也有這樣的網絡。

現在俄羅斯、中國也有類似秘密警察的制度。甚至兩國都認為，這項傳統是來自於蒙古帝國。至於滿洲旗人，本來就分成不同的「旗」、各旗有旗王，但是旗王的意義與大臣、將軍等國家公職並不相同。

說個有名的故事：北京住著一個非常貧窮的婆婆，她的跟前跪著一位官位相當高的大官。原來幾代之前，高官家是婆婆家的包衣。這樣的人際關係一直持續著。地位雖低、但能和皇帝直接通話的人們，被派往各地任官。赴任的地方官，將各地內情秘密地用滿洲語寫成信件，或是回到北京時直接向皇帝報告所有見聞，就這樣一直持續進行此事。

又，中國的地方治理，基本上是由知縣執行實務。實際有科舉功名的人物被中央任命為知縣，知縣之上有總管整體事務的總督、巡撫等職位。總督、巡撫的職務，在權限上並沒有劃分清楚，二者做的事情幾乎一樣。這是做為一種「安全閥」，亦即讓兩個人做同一件事情，使之互相監視，最後由皇帝掌管一切。今日的中華人民共和國也是一樣，真正的中央集權，說不定就是在清朝時期才確立的。

明代由皇帝的兄弟家族擔任王而派往四方，他們漸漸自立，使中央集權難以維持。清朝時期，皇帝用計分離滿洲人與漢人，維持著中央集權體制。即便是對蒙古的管理，也是派遣出身蒙古系統、但有滿洲旗人地位的大臣前往赴任。那麼一來，因為該位大臣能說滿洲、蒙古兩種語言，也就能同時監督雙方，再用別種語言悄悄向皇帝報告。也因為這樣，清朝的文書行政相當發達。無論是西藏問題、還是蒙古問題，赴任的大臣都寫了非常多報告，讓皇帝確認狀況。

特別是雍正皇帝，他以「信件皇帝」著稱。其他的皇帝也是一天要花十多小時執行公務，讀完所有地方報告後進行裁示。

西太后的時候，統治體制雖然逐漸變得有點鬆散，地方的網絡想必也還是有一定作用，直接向皇帝提供情報的系統遍布全國。

此外，只有滿洲旗人到南京、西安、成都、荊州等各據點駐防時，是和家族一起赴任的。在北京，旗人居住在內城，到地方赴任時，本來是不住在該地的市街中，而在城區外側，建造只有滿洲人居住的駐屯地「滿城」。直到清朝末期各地都還有滿城，由少數統治階級支配著全國。

清朝是多民族國家，進行著多重統治。無論如何，日本人都以為現在稱做「中國」的地方一直是中國，中國人全部都是漢人。因為滿洲國有超越日本人理解的多種族，若不能理解這點，就難以瞭解當地在日本統治時代所發生的事。

滿漢全席的「滿」、「漢」差異

接著轉換觀點，來談談食物的話題吧。集合山珍海味的豪華中國料理「滿漢全席」，為什麼是「滿」與「漢」呢？

「滿漢全席」是清朝的宮廷料理，在當時並不會稱做「滿漢全席」。開始這麼稱呼，也是到最近才有的事。本來應該叫做「清・宮廷料理」的，會開始叫「滿漢全席」的理由並不清楚。

所謂的中華料理，亦是清代才出現的東西。亦即「中華料理」，並不是從很久以前就有的，源頭是在蒙古人統治的元朝，才出現大量使用肉類和香料的料理。在此之前，中國料理比較接近素食或日本料理，只是稍做變化。接替元朝的明代，理應繼承了元的料理，不過，幾乎沒有資料可茲證明。

清朝時代的宮廷中人與底層人民，所吃的食物大相逕庭。關於滿洲人的飲食，沒有什麼資料，也沒有關於滿洲人祖先時代如何做料理的食譜書。到了西太后掌權之際，才開始出現外國人記錄自己在宮中見聞的資料。接著，在清朝滅亡後，宮廷御廚失去工作，便各自開起餐館，所謂的中華料理才逐漸廣為流傳。

另外，一般雖然統稱中國料理為中華料理，實際上，在當地則依所處地區不同而冠以四川料理、湖南料理、上海料理等名稱。將這些料理統稱為中華料理，是廚師們到外國之後的事。亦即，逃到外國的人在當地開設餐廳，因為用地區名稱的話不會受歡迎，便取用「中華」之名。例如到日本來的人，將店名取做中華料理，這就是這個名稱誕生的真相。

關於「滿漢全席」，清朝時期所做的宮廷料理稱為「滿全席」，並沒有包含漢民族。因此，直到最近以前，應該都還沒有「滿漢全席」的名稱。

日本人一廂情願地認為，中國在五千年來一直是同一個「中華」。事實上中華並沒有五千年的歷史，拉麵也不是歷史悠久的東西。故而，「中國五千年的夢幻拉麵」這樣的廣告口號，真是錯得離譜。

漢字的使用

自清末起，滿洲人也將漢字當作共通語言了。蒙古人的王族，例如在內蒙古從事獨立運動的成吉思汗子孫——德王，本名唸做「Dem ugdongrub」（鮑培氏轉寫），用漢字寫成「德穆楚克棟魯普」。由於漢字有七個字、實在太難記，才取漢字第一個字，而稱做「德王」。

由於日本人亦使用漢字，故而對於中國將漢字作為通用文字，沒有什麼抵抗就接受了。當時的日本人，能清楚瞭解到使用漢字的對方出身哪一族。不只自己日本人使用漢字，中國當地各族出身者，像是伊斯蘭教徒、蒙古人等都使用漢字，是非常可喜之事。對中國當地的人來說，日本人無論是暗中做幕後主導，還是直接派遣軍隊來，並沒有什麼不協調之感。這是因為，中國人認為跟自身祖先同樣的一族，在很久以前渡海，留下的子孫正是日本人。

從而，對滿洲人而言，日本人來比蔣介石來要好得多。在他們的世界觀中，蔣介石被視為從遠方而來、不知來歷的人，日本人則是在文化上像自家兄弟一般。

若是大日本帝國沒有在東亞戰爭中戰敗，滿洲國就會相當成功。當地四千萬名漢人，在日本人撤退後並未歡迎毛澤東或蔣介石，而是認為文化水準高的日本人好得太多了。不過，即便是這樣，滿洲在日本人治理下還是頗有進展。相對於此，現今的朝鮮（北韓）從日本戰敗之時起，歷史發展反而還後退了。

清朝時代的蒙古、穆斯林、西藏

對清朝而言，所謂的「內地」，是指皇帝直接支配的漢人土地，以及自身故鄉的滿洲。蒙古、穆斯林、西藏等地，則是總稱為「藩部」。藩，意指「圍牆」，也就是不被

《五體清文鑑》

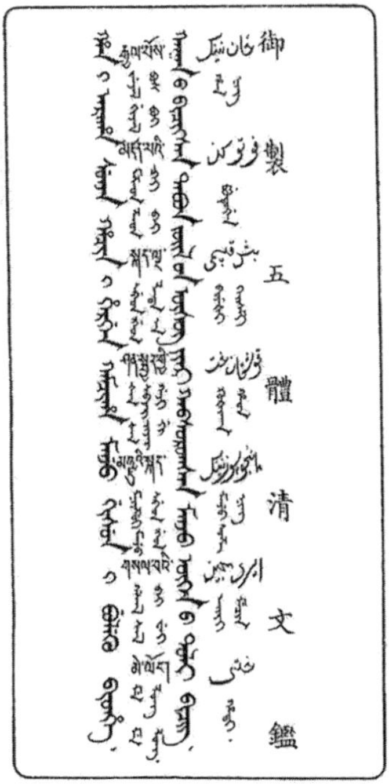

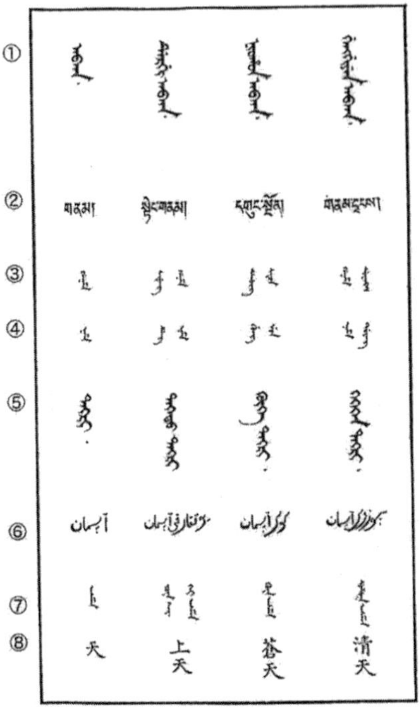

清朝官方使用的五種語言對譯辭典：①滿洲語。②藏語。③將藏語拼寫法一個一個轉換為滿洲文字。④以滿洲文字表現藏語的發音。⑤蒙古語。⑥以阿拉伯文字書寫的土耳其語。⑦以滿洲文字表現土耳其語發音。⑧漢語。

當作內地來看待。

在此列出清代製作之《五體清文鑑》（五種語言的對譯辭典）的第一頁（見上頁），如同說明文所示，若是不懂滿洲文字，就讀不懂其他語言。在清朝時代，只有滿洲語、滿洲文字是共通用語。

在西藏、穆斯林（伊斯蘭教徒）之地，赴任大臣擔任的是類似地方領事或總領事一般的工作，在當地幾乎被當作半個外國來對待。在該地重要地點，會派滿洲人作為全權大臣，但赴任的大臣多是武官，少部分才是文官。西藏等地食糧並不豐富，護衛的軍隊也很少，駐藏大臣只有兩人，其護衛不到數十人。可以將之視為像今天的大使館的樣子。

設置於蒙古的清朝官署

蒙古以今日的烏蘭巴托為中心，該地當時稱做「大庫倫」（Ikh Khüree，蒙古語「大僧院」之意）。街上的大部分範圍，是蒙古的藏傳佛教第一高僧哲布尊丹巴呼圖克圖（藏語拼音 Jetsun Dampa）及其弟子的寺院，而沒有辦事大臣官署之類的建築物。我在蒙古民主化後，曾到烏蘭巴托的文書館，調查使用滿洲語的清代文書。從十九世紀到二十世紀初，亦即清朝末期的大庫倫官署，架構如下。

（一）滿洲大臣一人，秘書官四人，通譯一人，警備員二十五人。

（二）蒙古大臣一人，秘書官二人，通譯一人，警備員十八人。滿洲大臣從北京派過來，蒙古大臣則在蒙古人中選任。

（三）滿洲法官一人，信使（擔任發送文件、幫忙裁判事務，以及傳喚人等工作）二人。

（四）滿洲大臣親信官僚十二人，信使三十六人。

（五）滿洲徵稅官三人，信使三人。

（六）滿洲人書記三人。

（七）蒙古大官吏一人，蒙古小官吏三人。

（八）翻譯官一人。

（九）信使負責官員一人，幫手四人。

（十）警護負責官員一人，幫手及警護員二人。

（十一）官署的守門長三人，以及其警衛五人。

（十二）輪值監視火藥倉庫的六個家族。

（十三）警察官十個家族。

（十四）蒙古人書記六人，以及他們的幫手十二人。

以上一百七十人即是官署全員。這是清朝末期，駐紮於今天的烏蘭巴托之清朝官員。其本質即如當地駐地大使館一般，想必不難理解。

清朝初期，大庫倫為移動僧院。在最後的游牧帝國準噶爾汗國滅亡之後，清朝派遣了稱為「庫倫辦事大臣」的官員，一七七八年終於定居於今天這個地點。不過，很難想像當初的人數有多麼少。

大庫倫的辦事大臣也管理與俄羅斯之間的恰克圖（Kyakhta）貿易，還是因為這樣才有上述人數。西藏的拉薩等地，甚至只有兩名大臣，配置位數不多的護衛官。至於新疆的伊斯蘭教徒居住地，乾隆皇帝最初派遣滿洲人到綠洲都市，然而並不順利。於是改為在穆斯林所在的綠洲都市和闐、莎車、喀什，給予當地伊斯蘭教徒首領以清朝的爵位和薪資。這和唐代的羈縻政策是同樣的作法。

在今天的新疆北部，即和俄羅斯接壤的國境地帶，則由來自滿洲腹地的滿洲人及其同族，以家族為單位，像屯田兵般的移住於此⑧。他們在當地從事游牧、農耕，一面自給自足，一面擔任國境警備工作。

日清戰爭後，西藏劃歸英國，蒙古劃歸俄羅斯，國境邊界地帶火藥味漸濃。然而，在此之前，這一帶都還算是比較穩定的地區。

第一章
自日清戰爭至中華民國建國前

滿洲動盪的歷史始自日清戰爭

從本章起，正式進入與日本有關的滿洲歷史。

不過，我們並不只限於談滿洲，還會談在日本近代史上被視為最大問題的朝鮮。以朝鮮為舞台的日清戰爭，令日本與俄羅斯的關係起了巨大轉變。因此，朝鮮和滿洲的歷史，不能分而視之。

清朝時代，朝鮮人被禁止進入滿洲。但在此之前，滿洲和朝鮮之間原來是往來密切的。原本，日後改名滿洲人的女直人，是和朝鮮人住在一起，並將之收為家中奴隸，令其實行農耕的。在更古老時代的高句麗⑨，是活躍於滿洲至朝鮮北部一帶的政權。之後在渤海一帶聚集著許多高句麗人的高麗⑩，則是繼承高句麗的王朝。又因為高麗王朝後半期受到蒙古的直接支配，遂有不少高麗人移居滿洲。是故，滿洲史與朝鮮史可說是一體兩面，不能分開討論。

如同前述，日本到朝鮮半島活動時，若只將朝鮮收到日本勢力圈，事態便能圓滿收尾。然而，由於朝鮮與滿洲在歷史上緊密相連之故，日本的計畫終究無法遂行。

清朝滅亡後，滿洲一帶成為無主之地。於是，在此聚集了從南方來的漢人軍閥、穩坐北方的俄羅斯、意圖與北蒙古一同獨立的戈壁沙漠以南的南蒙古人、以及試圖守衛日俄戰爭後所做投資的日本等勢力，不時興起三方、甚至是四方爭戰。由此看來，造成清朝滅亡契機的日清戰爭（一八九四至一八九五年），正是滿洲這塊土地動盪歷史的開端。

本書如同之前拙著《這才是真實的中國史》所主張的，中國真正的近代化並非起自鴉片戰爭，而是興起於日清戰爭之後。日清戰爭中，原本還保持微妙平衡的清朝統治架構崩壞了。日清戰爭的失敗，對滿洲人和漢人都造成很大衝擊。其中，向來視日本為「東夷野蠻人」、從不將之放在眼裡的漢人知識階級，最為震驚。

但是，此時清朝的統治階級中，也有人抱持的想法是：「在日清戰爭中輸給日本的，是漢人李鴻章率領之北洋艦隊，這個失敗是攻擊李鴻章的大好機會。」中國並非國民國家，也不是鐵板一塊。統治階層無論何時都以權力鬥爭為優先，使得輸給日本的李鴻章處於危險的立場。

西太后有名的理由

清朝末期的有力政治人物西太后，也因為日清戰爭的戰敗而受到批評。西太后被指責為了建造自己的奢華離宮頤和園，而吝於擴充軍備，這是不是假造的謊言呢？因為總會有人無所不用其極地利用政治，對於事後才出現的惡言批判，我們若不質疑其真實性，是不行的。厭惡權力集中於李鴻章的人們，連帶阻止軍費集中於北洋艦隊，這個可能性也很高。

NHK與中國共同製作的電視劇《蒼穹之昴》（原著：淺田次郎），由日本女演員田中裕子飾演慈禧，但那卻不是西太后真實的樣子。在《蒼穹之昴》的原著小說中，想成為宦官的主角春兒本是虛構出的人物，小說甚至還創造出仰慕乾隆皇帝的西太后與乾隆皇帝亡靈對話之場景，完全是子虛烏有。

就像井上靖《蒼狼》中的成吉思汗完全不像蒙古人一樣，該部電視劇登場的滿洲人也全然不像滿洲人。劇中人物都過於像日本人，性格上也太接近現代人。照那樣演，是感覺不出清朝或滿洲的文明的。就算當作一部電視劇來看的話，該劇的清朝宮廷氛圍和滿洲人服裝扮演，也是毫無趣味。

暫且不談電視劇，西太后確實是非常有名的。她的有名起自外國人能直接晉見她，李鴻章有名，也是同樣的道理。在那之前，誰也沒見過清朝的大臣。西太后之有名，不是因為實行了坐在御簾後方輔佐皇帝的「垂簾聽政」。在此之前的女性攝政並不少見，但西太后在此中相較有名，是由於此期歐美記者等外國人一同進入北京，有機會見到她，因而能讓內情為人所知。

滿洲的統治體系，是以嚴密的官僚組織為基礎，實行合議制度。宮廷由內廷等親信推動運作，西太后雖可說是居於中樞運籌帷幄，卻也不是單憑一人之力就能推動清朝政治。即便如此，日本的近代史專家也未從事深入研究，以為只憑西太后、李鴻章等在歐美有名的人們為中心，就能創造歷史。

旅順虐殺的真相

日清戰爭中，日本軍被指稱進行了「旅順虐殺」。

一之瀨俊也所著《旅順與南京》（文春新書）一書，首先有個問題，即是從標題就將旅順虐殺和南京大屠殺扯上關係。然而，書中卻沒有寫到任何關於一九三七年南京大屠殺的事。

《旅順與南京》很仔細地說明了普通日本人在日清戰爭中的從軍紀錄。本書發掘日記記載，憑藉「日本軍進入旅順市後，殺死化為民間人士的清國士兵」、「軍隊發出『殺死所有男子』的命令」等記載，指出旅順虐殺真有其事。

進入旅順市內的清國軍隊，在逃跑時穿著民間人士的衣服，並被日本軍隊殺害，這是事實。不過，日本士兵們多半是出生以來第一次碰到真正的戰爭，在進入旅順前，也見過許多同僚被清兵殘殺的屍體。殺害清兵一事，也許是為了報復。

清國聲稱被殺死二萬人，這完全是謊言。日本方面記錄清軍死者二千名，日本軍死傷二百四十名，清國方面卻完全沒有紀錄。

渡邊惣樹所著《日美衝突的根源》（草思社），詳細說明旅順虐殺相關報導的捏造過程。捏造報導的根源，起於《紐約世界報》（New York World）刊載了美國籍自由記者克里曼（James Creelman）所寫的，關於與清國交戰的日本軍虐殺民間人士之報導。但這卻是徹底的謊言。

「十一月下旬，進入旅順的日本軍發動虐殺。日本軍任意屠殺舉目所及的人們。他們毫不留情地擊殺跪地求饒、沒有武器的民間人士，用刺刀刺殺，或是斬首。日本軍的掠奪持續在市街中的各個角落上演。」（渡邊惣樹《日美衝突的根源》頁三六八。原著Jack L. Hammersmith, Spoilsmen in a "Flowery Fairland" 1998. The Kent State University Press, p.196.）

在此附上渡邊氏提供之英文原文。「On December 11, 1894, the New York World printed a story by James Creelman that alleged a Japanese massacre of Chinese civilians at Port Arthur late in November. Creelman charged that Japanese troops "killed everything the saw… Unarmed men kneeling in the street and begging for life, were shoted, bayoneted, or beheaded……The town was sacked from end to end.”」

日清戰爭期間，美國政府為這樣的英文報導所震驚，遂派遣駐日公使譚恩（Edwin Dun）進行調查。譚恩公使綜合了東京公使館武官歐布萊恩（Michael O'Brien）、法國、俄羅斯等武官們的證言，確認這個報導是極盡煽動誇張之言，而以此回覆本國。

克里曼最初將此報導投稿到《紐約論壇報》（New York Tribune），但該報認為這篇報導有些過度煽情、偏離事實，故拒絕刊載。克里曼有著強烈的自我表現慾，在當時新聞幾乎沒有署名報導的情況下，試圖透過煽情報導來得名。

當時，日本和美國因為夏威夷問題而對立。對於控訴日本危險性的夏威夷共和國政權，以及華盛頓的贊成合併夏威夷一派而言，這篇報導是非常方便利用的，於是讓《紐約世界報》刊登了。

由於這篇美國新聞報導，旅順虐殺成為國際問題。日本方面，由外交大臣陸奧宗光在美國報紙上做出以下回應。（出自大谷正，〈日清戰爭時的「軍夫」相關資料調查行程紀錄（上）（下）〉，《專修大學人文科學研究所月報》一四七、一四八期，一九九二年。刊載於一之瀨俊也，《旅順與南京》（文春新書），頁一一二。）

「一、逃走的清國士兵脫下、丟掉了軍服。

二、在旅順被殺害的穿著平民服裝者，大部分即是上述士兵。
三、市民在交戰前即已走避。
四、剩下部分被殺者是受命留下作戰者，實際上也發生了戰鬥。
五、日本軍是因為看見受到殘酷對待的日本受俘士兵遺體而激怒。
六、日本軍有遵守軍規。
七、總計三百五十五名清國士兵俘虜，他們受到親切待遇，近日被移送東京。」
這樣的澄清報導在美國見報之後，批判日本的論調趨於平靜。知道這個事件後，我認為，發生於支那事變初期的一九三七年（昭和十二年），日本軍佔領南京市之際，被指稱殺死便衣士兵、戰敗傷殘士兵、俘虜、一般市民共三十萬人的南京事件，有很高的可能性是以此漫天大謊的旅順事件報導為藍本，而捏造出來的。

三國干涉還遼的後續

對於日本在日清戰爭中獲勝、好不容易取得的遼東半島，俄羅斯聯合了德國、法國進行「三國干涉」，最後使其被歸還給清朝。

清朝由於在日清戰爭中戰敗之故，而要支付日本二億兩白銀的賠償金。然而，因沒有現金，故在俄羅斯沙皇的仲介下，向法國銀行借款。透過調停而向清朝討人情的俄羅斯，更向李鴻章送去大量賄賂，而獲取在清朝領土內鋪設東清鐵路的權利。這是為了讓必須繞道伯力（俄文「哈巴羅夫斯克」，Khabarovsk）的西伯利亞鐵路，能盡早通往海參崴（俄文「符拉迪沃斯托克」，Vladivostok）。同時，俄國也獲得清朝位於遼東半島頂端的旅順、大連等租借地。

對尋求不凍港的俄羅斯而言，滿洲南端的遼東半島旅順、大連，是無論如何都想得手的土地。對日本人而言，連小便都會結凍的寒冷的北滿洲，是就算被要求前往都不想去的地方。然而，對來自極寒的西伯利亞的俄羅斯人來說，滿洲是暖和豐饒的土地，連有半年會結凍的黑龍江，都是有好多漁獲的夢幻場所。

日清戰爭期間，試圖到滿洲活動的俄國，其領土是根據《瑷琿條約》而到阿穆爾河（黑龍江）為止。但是，敗於日清戰爭的李鴻章，決心和俄羅斯合作。其結果，即是一八九六年至一八九八年間訂定了許多協約，使俄羅斯能向清國強硬主張對滿洲的優先權，亦強迫日本認可此事。日清戰爭結束兩年的一八九七年，俄國便開始鋪設東清鐵路。

東清鐵路的建設，開始於內陸的哈爾濱。哈爾濱的城市建設，係利用與清國締結條約中的「鐵路附屬地」項目，違法擴大其權利內容而來。俄羅斯利用阿穆爾河（黑龍江）

大連中心地帶：大連廣場。正面為橫濱正金銀行大連分行

堪稱「滿洲大門口」的大連碼頭

支流松花江，溯流而上，將建材運至哈爾濱，先造出城市、再建設鐵道線路。多數清國人勞動者運送鐵路建材的道路，即是今日最繁華的「中國人街」（Kitajskaya，今日哈爾濱市的「中央大街」）。

因為日清戰爭戰敗，清國南方興起「滿洲人已經不行了」的論調，多數留學生前往日本。此即中國近代化之始。

透過日清戰爭，清朝孱弱的事實為世界所知，遂任英國取得九龍半島、德國取得膠州灣、法國取得廣州灣為租界。俄國急需不凍港之故，一取得旅順、大連，就迫使清國認可，並從自身開發之哈爾濱將東清鐵路支線往南延伸，連接到大連。俄國將鐵路連接至滿洲後，在南方已無法謀生的漢人們，便以勞動者身分前往滿洲打工。

萬里長城

對於萬里長城，大家似乎都有所誤解，故而在此重新說明。西村真悟曾謂「萬里長城是為了不讓漢民族進入滿洲的必要存在」，但是，這是錯誤的想法。

對於清朝而言，萬里長城原本就是可有可無的存在。明朝滅亡之際，萬里長城就成了一無是處之物。此後，清朝對萬里長城採取放置不管的態度，現在雖為了觀光目的而修復，但其實從清朝起就處於沒落狀態。

清朝為了不讓漢人進入滿洲而採行封禁政策，不過，該政策實行範圍是自遼東半島到北方的遼陽、瀋陽。會造成問題的是山海關，從該處以西連接的萬里長城並未形成特別問題。

即便自西邊翻越萬里長城，北邊也是一片連綿山脈，再往前去只有一望無際的蒙古草原。亦即，萬里長城通過之處，盡是近山邊境，南北兩邊都是不適農業、相當貧乏的土地。直到中華民國成立之前，商貿交流都只在既定路線上的張家口等市街進行。若說清朝為了守護滿蒙而使用萬里長城，這是完全錯誤的。對清朝而言，萬里長城本身並不會造成什麼問題，真的要說的話，禁止從山東半島渡海前往遼東半島還比較重要。

義和團之亂

一九〇〇年發生的義和團之亂，是起自膠州灣所在地山東半島的排外運動。後來的毛澤東，將義和團之亂視為「民族主義」（Nationalism）。確實，義和團之亂是打著「外國人滾出去」旗號的排外運動，視為民族主義並無不妥。然而，民族主義本身就需要重新定義。「Nation」指的是國家，但誠如古田博司所指出的，要說中國或韓國有沒有愛國的民族主義的話，有的也不過是反日的民族主義。如果民族主義是重視和熱愛國家的意思，就不只是反日，應該還要包括幫助同國人等更多意涵才是。那麼，中國的民族主義，正確來說應該重新定義為「我族中心主義」（ethnocentrism）。

義和團之亂的原因，是基督教進入了山東半島。發起義和團的雖是漢人，但整個事件卻主要是由於成為基督教教徒的中國人迫害其他中國人，同族之間積怨已久而來。是故，亂事演變為將外國所來之物全部毀壞殆盡的破壞運動。義和團一邊憑藉鐵路移動，一邊又同時毀壞鐵路、電線，並進行掠奪。

義和團之亂是沒有國際概念的漢人所進行的純粹暴動，最後淪為對當時世界八大國家的挑釁。對此，清朝部分勢力有著「義和團驅逐外國勢力」的錯誤期待。和義和團一樣缺乏國際觀的北京滿洲大臣們，也想趁勢利用義和團。於是，義和團之亂擴大成八國聯軍事件。重要大臣中，李鴻章固然反對與世界八大國為敵，即連袁世凱等正直之人，也為了不背上責任而紛紛走避。

然而，西太后還是以抱持排外主義的大臣為後盾，發布了宣戰通告。這純粹是中華民族主義。可是，就義和團本身而言，卻不過是排外主義的暴動而已，而並非出自中華民族主義。所以日本教科書裡「西太后依靠主張中華民族主義的義和團……」的說明，事實上是不正確的。

義和團包圍了天安門南側的外交官區域東交民巷，清朝正規軍隊也和義和團一起殺害了德國公使、日本大使館員。對此，列強為保護本國國民而派遣近二萬人的軍隊。該聯合軍之中，地理位置較近的日本派遣九千人以上。聯合軍從天津登陸，解救了被義和團包圍五十五天的本國國民。

旗袍與殭屍的長衫

在描寫外國人居留區遭逢義和團之亂狀況的好萊塢電影《北京五十五日》（55 Days at Peking）中，無論是愛娃・嘉德納（Ava Gardner）飾演的女主角，以歐洲女性之身穿著有大片衣服下擺的洋裝、來回奔走的姿態，或是這部電影本身，都是天大的謊言。

今日，「China dress」在中文寫做「旗袍」，但是我們所熟知的旗袍，卻是誕生於天津租界。旗袍意為「旗人之服」，在清朝時代是只有滿洲人能穿的服裝。一九一二年清朝滅亡之時起，才成為誰都能穿的服飾。

旗袍的衣襟立起，源自於蒙古服裝。由於蒙古地處寒冷，為了不讓風吹進身體，而將衣襟立起。之所以側邊開叉，則是便於騎馬之故。旗袍底下原本還要穿褲子，不過，今天的旗袍穿著捨去褲子而留下衣襟、開叉，緊貼身體線條而打褶。我認為，這樣的改變是起自天津租界的英國裁縫店。

越南的襖長（Ao dai，又稱「越氏旗袍」），也是以清朝時期滿洲人的服裝為模型。故而，即便當地炎熱，衣襟還是立起。另外，不同於旗袍，仍然保留褲裝。

滿洲服飾，是無論男女都穿著同樣形式的服裝。皇帝穿的衣服，則是黃色的，且繡有龍紋。把旗袍上衣延長、不繫腰帶而直接放下的長衫，現在是只有男性穿著的服裝。這在清代是官員才能穿的衣服，不過，原本不是官員的人去世後，為了象徵其在陰間可獲得官位，也讓其穿著這種長衫下葬。香港電影中殭屍所穿的，就是長衫。

俄羅斯的支配滿洲與英日同盟

八國聯軍在北京與義和團、清軍作戰時，十七萬七千人的俄羅斯軍隊攻入滿洲，進行了軍事支配。

這件事的開端，是由於從山東省移居滿洲的漢人們，得知其故鄉山東省發生了義和團之亂。接著，即便遠如滿洲，也發生了破壞鐵路、排斥外國人的暴動，而且清國正規軍隊也捲入其中。據說在當時，俄羅斯的戰爭大臣庫羅帕特金（Aleksey Kuropatkin）就向財政大臣威特（Sergei Witte）表示「這是千載難逢之良機，可以此為藉口鎮壓滿洲」。

高舉「保護東清鐵路」旗幟的俄羅斯軍隊，從六個方向一同進攻滿洲。以「江東六十四屯慘案」為始，俄羅斯軍隊虐殺移居到俄羅斯領地海蘭泡工作的三千名清國人，並將之丟入阿穆爾河（黑龍江）。之後俄軍接連佔領齊齊哈爾、長春、吉林、瀋陽等地，進行大規模屠殺。

據俄羅斯指出，東清鐵路一千二百公里長的鐵路線路，有三分之二遭到破壞。即便如此，到一九〇〇年底俄羅斯稱霸滿洲為止，究竟有多少清國人遭致殺害？其數目並不清楚。俄羅斯軍隊就這樣實質支配了滿洲。派兵至北京的英國、美國等聯合軍隊，想當然爾地對俄羅斯表示了強烈憤怒。被為所欲為的俄羅斯激怒的英國，於一九〇二年和日本組成英日同盟。

在此之前，大英帝國一直遵守著「光榮孤立」政策。當時大英帝國支配了全世界海域，擁有的殖民地之多彷彿太陽永不在其領土上沉沒，故而日英同盟，可說是歷史上第一次與其他國家組成對等軍事同盟。對明治維新以降努力追求改正不平等條約的日本而言，則因受到世界頂尖強國認可而雀躍不已。

派遣到北京的日本軍，相當遵守規律，表現壯盛軍容。佔領軍將北京分割統治，據說日本統治的部分，安全到其他國家統治區域的人們都會跑過來。據此，日本軍的正派、守規律廣為人知。

當時英國正處於和俄羅斯的「大博弈」時期，亦即競爭著在阿富汗、西藏等中亞地區的霸權。對英國而言，遠東地區實在太遠，為了不讓俄羅斯的勢力繼續南下，就由日本加以阻止。這就是英日同盟對英國的好處。

英日同盟之前，日本所以能在日清戰爭前夕廢除對英國不平等條約中的治外法權項目，多虧了時任外務大臣的陸奧宗光。他對英國威脅道，「至今我國努力遵守國際法，恪從文明道理，亦保護在清國的英國人。即便如此，貴國依然不承認我國是文明國、不改正條約的話，我國就要回歸野蠻之道了。意下如何？」這個威脅果然奏效，讓英國答應改正條約。只不過，日本要到開放鎖國狀態超過半世紀的一九一一年（明治四十四年），才進一步回復關稅自主權，完全解除不平等條約。

更進一步，因為日本打贏了原本被預測為清國勝利的日清戰爭，加上英國正在考慮改和日本合作時，就發生了義和團事件。於是，英國、日本在利害關係趨於一致下，締結了英日同盟。

日俄戰爭的勝利

組成同盟的英國與日本，一起向俄羅斯施加壓力。接著，俄羅斯答應從滿洲撤兵，後來又中途反悔。日本為對抗俄羅斯而進軍滿洲，此即日俄戰爭之因。

然而，日本沒有想過在與俄羅斯的戰爭中獲勝。就算是這樣，英國、美國等世界各國依然支援日本。英美兩國透過購買日本戰爭債券給予其經濟援助，並希望即便日本最終未獲勝利，也要抵抗俄羅斯、使其受到一定程度的損害。

對當事國日本而言，與俄國間的戰爭是生死存亡問題。俄軍在滿洲的所作所為，已是有目共睹，俄國在此時實際上也已將朝鮮納入保護。日本經過日清戰爭好不容易讓朝鮮獨立獲得認可，但朝鮮眼見戰勝清朝的日本，卻還是在俄羅斯組織三國干涉而被迫歸還遼東半島，便轉而跟隨了強大的俄羅斯，此即事大主義。

從日本的角度看來，才清除清國帶來的威脅，接著又迎來更恐怖的俄羅斯。讓人回想起江戶時代曾奪走對馬的俄羅斯，總之，俄羅斯對日本而言一直是個威脅。

此際，俄羅斯的威脅真的可說是迫在眉睫了。即使放著不管，俄羅斯也必然攻打日本。日本戰敗了的話，則更不用說。日本人遂懷抱著「就算死也不要變成俄羅斯的所有物」的心情，起而作戰。

結果，日本出乎世界各國意料地，以獲勝作終。埃及人、印度人、土耳其人等有色人種同感歡喜，受俄羅斯壓迫的芬蘭人和波蘭人也很高興。在芬蘭，到今天都還有「東鄉啤酒」⑪。不過，支援日本的美國，卻未由衷地為日本的勝利所喜。美國反而考量：「今後有必要注意日本，」而將日本視為假想敵國。

在此等世界大事中，本應是當事者的清朝，對於在自身故鄉進行的戰爭，卻宣布「局外中立」。清朝雖然深知滿洲為父祖之地，卻因它已然為俄國勢力範圍，而沒有想過自己還能做些什麼。

順帶一提，今天的俄羅斯在學校裡並未教導日俄戰爭相關事蹟，也沒有在戰爭博物館中提及。中國的教科書也沒有書寫日俄戰爭之事，大概是不願意思考日本對中國的恩義吧。

樸資茅斯條約

美國的西奧多・羅斯福總統（又稱老羅斯福）必定不會只為了日本而行動，不過，一九〇五年在樸資茅斯（Portsmouth）的講和會議，卻確實是在其中介下召開。俄國方面，國內革命運動日漸蓬勃，甚至在聖彼得堡都發生了「血腥星期日」事件⑫，也不能再繼續對日本作戰了。

講和會議中，獲勝的日本雖未得到賠償金，卻獲得割讓南樺太、俄國承認韓國為日本勢力範圍等項。俄羅斯進佔滿洲、朝鮮本就是日俄戰爭之因，故而能將其從滿洲驅逐出去，讓日本大為安心。更甚者，原在三國干涉還遼時，被俄羅斯趁機取走的遼東半島南部超過三千平方公里的土地，日本也從俄羅斯處正式取得租借權。

此後，日本與俄國間關於滿洲的蜜月關係開始了。兩國間從一九〇七年第一次至一九一六年第四次，締結了多次日俄協約，相互劃定長春以南為日本勢力圈，以北為俄羅斯勢力圈。但是，這是日俄兩國的決定，清朝一無所知。從而，日本對外宣稱的滿洲權利，只限於在《樸資茅斯條約》中取得的，包含旅順、大連之關東州，與東清鐵路南滿洲支線（南滿洲鐵路）及其附屬地。

日本在偶然間得到鐵路，開始從事大陸經營。然而，日本已因戰爭將金錢用盡，必須歸還美國、英國的借款也日漸增加。一九〇六年日本的國家預算為四億圓，日俄戰爭中的臨時軍事費卻有十七億圓之多，合算戰爭相關費用更接近二十億圓，向英美借調的外債亦超過十億圓。

滿鐵誕生

就在此時，南滿洲鐵路成為一半官營、一半民營的公司。日本最初是想將此公司完全納為國營，但考慮到在別國領土經營國營鐵路會造成問題，便採取一方面由國家經營、一方面向民間賣出股份籌措半數資金的營運方式。滿鐵股票相當受歡迎，一九〇六年九月，滿鐵股票募集倍率為一千倍，沒多久即告售罄。畢竟是日本政府支持的公司，滿鐵的股票等於是受到政府背書。日本人不認為政府會欠債不還，使得滿鐵股票就像今天的NTT（日本電信電話公司）股票一般大受歡迎。

政府方面出資的「半官」方式，是採取實物支給。亦即提供為代替賠償金而從俄羅斯處獲得的鐵路，以及撫順、煙台（在今遼陽的燈塔市）等地煤礦的土地。實際上在戰爭中，俄羅斯退兵時因鐵為重要資源而將鐵路挖走，日本軍又臨時修復過鐵路。不管如何，日本政府在滿鐵公司創設時，未曾出過分毫經費。

滿鐵的鐵路線路，因為是由日本進行重建，故而只採用了和日本一樣的窄軌鐵路軌道。然而，日本卻想將在大陸的鐵路採用標準寬度軌道（日本國內新幹線的軌道亦採用標準寬度），於是，在滿鐵成立後的半年之間，便一口氣將軌道全部換為標準寬度。

滿鐵雖然是匆促創業，卻也憑藉著日本民間人士挹注所有存款予以投資的氣勢，盡全力從事滿洲之經營。滿鐵第一代總裁後藤新平，後來在倫敦發行公司債，又調配二億圓資金。滿鐵創立資金合計四億圓，幾乎等同日本國家預算。

經營臺灣有成的後藤新平，從事滿洲經營時主張「文裝的武備」。當時滿洲正處開發途中，為了供應鐵路運作，還需要很多東西，都必須由滿鐵負責整頓。一是鐵路線路，亦即原有的長春郊外至大連間的鐵路，加上日俄戰爭中為運送物資而建造之安奉線（安東至奉天間的輕便鐵路，可接通至朝鮮境內）。其次，還需要煤礦開發、製鐵業。第三，為了供給食糧，也需要農林畜牧業。鐵路通過的附屬區域大連、奉天（今遼寧省省會瀋陽）、長春（後成為滿洲國首都，改名新京）等地，也要推行近代化都市計畫，諸如上下水道基礎建設、電力和瓦斯供給、整頓灣岸、建造學校、圖書館及醫院，甚至到經營旅客居住的旅館，都由滿鐵進行。滿鐵儼然已經不是單純的鐵路公司，而是扮演代替日本政府的「小政府」角色。

滿鐵總公司所在的大連，其市街於一八九七年由俄羅斯人肇建，是歐洲風格的街景。一九〇五年接手大連營造的日本人，並未將之改為日本風格，而是接續完成歐洲風格市街的建造（以俄羅斯風格的街景而聞名的哈爾濱，到一九三一年滿洲事變前都不是日本的勢力範圍，而屬於俄羅斯人的城市）。大連、奉天、長春、哈爾濱等滿洲大城市中有名的大和旅館，亦是滿鐵所建造的。

滿鐵開發的鞍山鋼鐵公司

位於大連的滿鐵總公司

關東軍與滿洲的通貨

直到滿洲事變發生為止，日本勢力範圍南滿洲的經營都由滿鐵全權負責，關東軍不過是守護滿鐵及其附屬區域的鐵路守備隊而已。說到底，「關東軍」這個稱呼的出現，也是一九一九年才有的事。一九一七年俄羅斯發生革命，大陸政局也變得不穩定，日本便廢止關東都督府，而設立管轄關東州、滿鐵附屬地的公務機關關東廳。此際，原關東都督府的陸軍部獨立，即是關東軍。

關東軍的職責，限於維持旅客安全與鐵道附屬地區的治安。軍隊人數依鐵路距離一公里配十五人的額度，全部不過數千人。並且，也不是每距離一公里就設立十五人的步哨，而是根據鐵路長度依比例計算，才決定能配置多少人數的軍隊。

滿鐵為了整頓基礎建設而雇用許多苦力。多屬出外打工的日薪制傭工，因為工作機會很多，能賺到不少錢，於是也搭得起大連等城市的市內電車。然而，就像日本國內也看得到的流浪漢一樣，苦力並不洗澡，故而體味強烈。但是，既然他們能付車資，市內電車也不能拒絕搭乘。是故，市內電車發展出與一般市民分開的、由苦力專用的電車。

滿洲有各種通貨，以日俄戰爭為機，日本金融機關發行的紙幣也流通於此。日俄戰爭期間，日本軍發行軍票以確保物資和勞動力。之後，日本政府則發行代替軍票的銀行券。在滿洲的日本人主要使用金本位的通貨，中國人則使用銀本位通貨。互相交換通貨時，匯率時常變化。但是日本人認定通貨價值不變，一直都付固定金額的手續費。

中國人和日本人交易之際，若是金價高、銀價低，就會接受日本人的金本位通貨；若是金價低、銀價高，就向持有金本位通貨的日本人要求實價高的手續費。不擅長匯兌的日本人在和中國商人交易時，總會被賺取利潤。

日本的滿洲開發

就清朝的立場來看，日本租借關東州一事，和英國、德國的租界是一樣的。日本人經營滿鐵而開發滿洲、灣岸碼頭，並整頓流通機關，使滿洲大豆和高粱轉變為國際商品，隨著通路擴大，其他產品也逐漸近代化。由於建設鐵路，漢人農民進入此前無法進入的地區而發展農業，清朝也能在漢人多的地區設立公務機關、徵收稅金。

但是，那份稅金並不是直接送往北京中央。不只清朝，歷代大陸王朝都是這樣，稅金只有一部分上交中央，地方稅原則上用在地方。皇帝的中央集權體制雖控制地方官的任命權，卻不能一概掌控、分配所有收入。

滿洲原本的地主是滿洲人，地租分配結構是：滿洲人自己或手下傭工耕作故鄉土地，所耕種作物或作物賣得的金錢，再由傭工送往在北京的地主或領主。

日本人開發滿洲時，正當西太后掌權時期，清朝宮廷不至於沒有錢。畢竟再怎麼說，清朝都是滿洲的大地主，滿洲人在滿洲握有大筆「旗地」。借出去的土地若是獲得開發，收入也會增加，故而滿洲開發並非壞事。若以日本歷史來比喻，近似平安時代貴族階級的莊園經營。

以滿洲人而言，清國因戰爭而令日本人取走朝鮮固然可惜，但實際上，和日本人作戰的並非清朝宮廷，而是出身屬臣的漢人李鴻章和袁世凱，是以覺得滿洲人並沒有輸。從而對於日本人開發滿洲，因為自己會獲得便利、收到的地租變多，也不覺得嫌惡。

日本人對日俄戰爭對世界的影響沒有自覺

日本並沒有將滿洲收做領土的野心，也不是因為想要遼東半島而投入日清戰爭的。毋寧說最初是滿人的前身女真人先遷移到遼東半島，並盤踞此地，開創清國；如此說來，對遼東半島具有野心的其實是俄羅斯。對於日俄戰爭，日本也不是覺得自己打得贏而開戰，誰也沒有想到後續結果。當時的日本人完全未曾考慮要去滿洲任意驅使當地人，或是可以藉此賺很多錢等事。但是，戰後日教組所教導的歷史觀，卻說日本從日清戰爭之初，就開始策劃後續一切的侵略、榨取，故意以一種自虐心態，把日本人的事說得很邪惡⑬。

日本透過日清戰爭偶然得到臺灣，並非常努力地經營它，在日俄戰爭後獲得南滿洲鐵路，也是急忙地去對應，這些都是事實。日本至今都是這樣，比起積極向外傳播自己的世界觀，日本人則比較像是對症下藥似的、以被動的態度面對外來事物。七世紀建國以來，「鎖國」已經是日本的一貫國策，從以前就一直是被動狀態。日本人並不會自己積極地去策劃什麼，故而沒有外傳的陰謀心態。

不過，日本人對自己做過的事完全沒有自覺，確實是個缺點。日本完全無法理解自己在巴黎和會提出的「撤廢人種歧視案」，給歐美的人們帶來多少困擾。美國合併夏威夷時，日本也提出諸多質疑。這讓美國非常不快，日本對此卻渾然不覺，也沒有想到日後美國會變得想報復日本。

在日俄戰爭中，俄羅斯對滿洲、朝鮮的野心被打破，俄國一邊感受到日本的驚人之處，一邊又對日本恨之入骨，一直等著對日本報仇的機會。加上蘇聯革命時被日本的西伯利亞出兵之干涉，一九四五年終戰時蘇聯殘殺在滿洲的日本婦孺，相信都和這種種仇恨有關。

日本人大多覺得自己什麼都沒做，卻依然受害。不過，我有不同的看法。日本人雖然只會想著「我們被設計而淪落至此」、「遭受如此不幸」，其實從世界史來看，日本人卻是對世界造成了莫大影響。日本人對此完全沒有感知，真是令人不可思議。現在的政治家、外交官，老是說「對不起，我們不會再做壞事了」。如果讓我來說，我會說「請你們多少自覺一下，自己究竟對世界造成多少改變」。

由於日本人對此沒有自覺，反而顯示出一種不負責任感。日本人毫無自覺地主張正當，訴說著真相，結果對對方來說，都只會造成痛苦，於是懷恨在心。

從今日的中國人看來，日本人主張「日本遵守和平憲法，什麼都沒做」，根本是一派謊言。就像是優等生在說「我完全沒有準備明天的考試，反正也考不好」一樣，如果之後考了好成績，就會被當作騙子而令人討厭。以中國人來看，日本人全部都是騙子。

日俄戰爭後俄羅斯的滿洲政策

打輸日俄戰爭的俄羅斯，簽訂四次日俄協約而接近日本，是因為知道清朝不是交涉對象，不如和日本談妥比較重要。

第一次日俄協約，包含了北滿洲劃歸俄國、南滿洲歸於日本勢力範圍的秘密條款。更甚者，還彼此認可朝鮮是日本、北蒙古是俄羅斯的特殊利益圈。俄羅斯將南滿洲鐵路讓渡予日本一事，反映日俄協約的必要性。

再說一次，俄國於日俄戰爭戰敗，將樺太南半部和日本原於日清戰爭後獲得之遼東半島南端關東州等地割讓予日本，也承認日本在朝鮮半島的利權。

《樸資茅斯條約》之後，日本馬上和清朝訂定條約，使之承認日本承繼俄羅斯的權益。然後，東清鐵路的南下支線，除了哈爾濱以南、長春以北的那段滿洲鐵路，另外一半已經是在日本勢力圈之內。所以，鐵路線路雖然持續延伸，但火車離開南滿洲後，鐵路貨車、乘客、貨物都維持原狀，司機、車掌則要替換，餐車車廂也從日本式換為俄羅斯式。

當時雖然還沒有旅行用的飛機，卻已經能在東京買到去巴黎的票。

下頁附圖的海報，是一九一一年（明治四十四年）開始，經西伯利亞鐵路到巴黎的火車，買一張車票要坐上十四天火車。從東京搭火車往西行，在下關乘坐關釜聯絡船到朝鮮半島。朝鮮有澀澤榮一建設的鐵路，經之北上進入滿洲，經由哈爾濱通過莫斯科，而能到達歐洲。

一九一三年，往哈爾濱、巴黎、倫敦的車票，在東京、橫濱、京都、大阪各站開始販售。早期到倫敦的車資，大人要二百九十四圓十一錢（小孩一百二十圓二十八錢），相當於現在的數十萬圓。

關於這些鐵路經營事項，俄羅斯與日本之間進行了詳細討論，又因為有太多後續事項，而締結第一次日俄協約。當時，也訂立了「北滿洲、北蒙古為俄羅斯勢力圈，南滿洲、朝鮮為日本勢力圈」之秘密協定。

一九一〇年第二次日俄協約，決定拒絕美國提出的南滿洲鐵路中立案「諾克斯計畫」[14]。面對積極要求開放門戶的美國，日本、俄羅斯反而聯手合作了。

接下來的第三次日俄協約相當重要。辛亥革命後的一九一二年，清朝已然滅亡，由於南蒙古不願意和中華民國一統，日本、俄羅斯為了決定其屬於誰的勢力範圍而爭執。

舊新橋火車站的鐵路歷史展示室。圖為第二十六次企畫展「日本的觀光黎明期：到山上！到海邊！坐火車」

根據《日俄協約》訂定的日本、俄羅斯勢力範圍

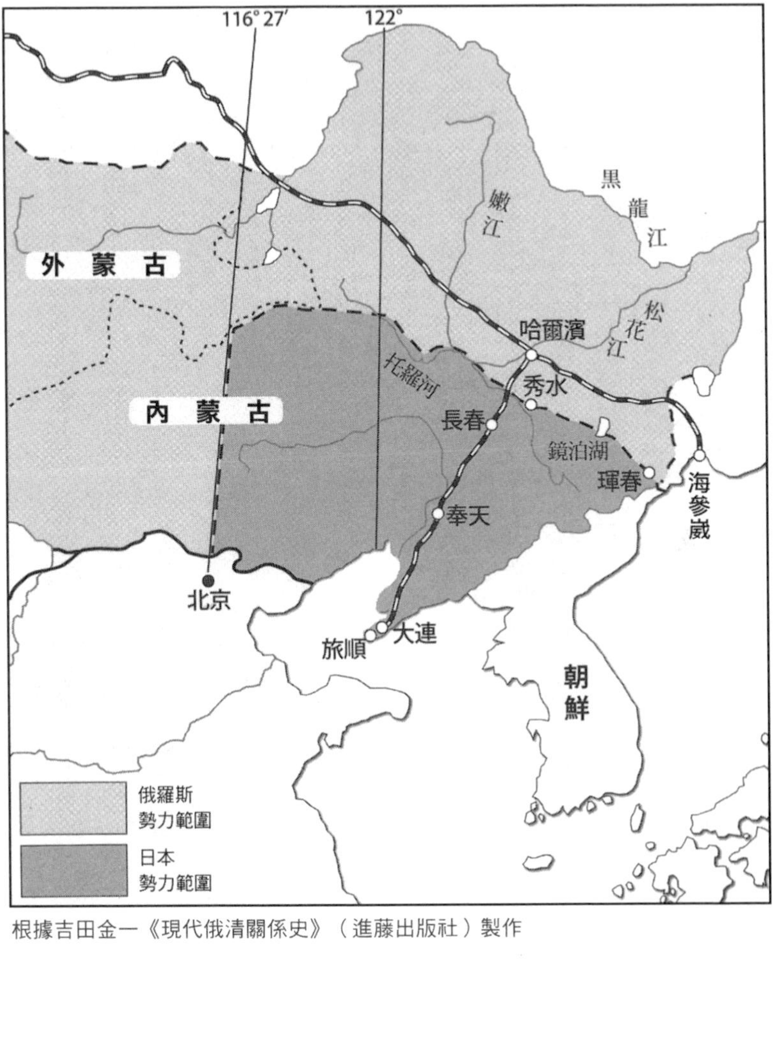

根據吉田金一《現代俄清關係史》（進藤出版社）製作

最後，兩國達成秘密協定，以通過北京的南北向界線為準，該線以東屬於日本勢力範圍，以西為俄國的勢力範圍。辛亥革命後清朝滅亡，中華民國取而代之，對俄羅斯、日本而言都是很重要的事，上述協定即是日俄兩國共同考慮如何對應之結果。

就這樣，辛亥革命後的蒙古，東部內蒙古為日本勢力範圍、北蒙古屬於俄羅斯。今日蒙古國前身的北蒙古，雖然想和戈壁沙漠以南的南蒙古一起獨立，卻因俄羅斯表示「惹日本生氣就糟了」而不予以援助，使得蒙古地區分裂為「內蒙古」、「外蒙古」。即便誰也沒說出來，但是蒙古之所以分裂，就是日俄戰後此次日俄協約所致。

第四次日俄協約是第一次世界大戰中的一九一六年，約定了阻止第三國支配中國之事。如同此般，俄羅斯在俄國革命之前，和日本的關係處於蜜月期。是因為在戰爭中對等地戰鬥，瞭解對手後交情變好的緣故。而且俄羅斯並未付出賠償金，所以不覺得自己輸了，就只是將日清戰後取得的利權讓給日本一半而已。

然而，一九一七年俄國發生革命，結束了這段蜜月關係。不只日俄締結的協約多成廢紙，連秘密協定也被披露出來。布爾什維克黨派為了將中國共產化，鼓吹中國人敵視日本，為了拉攏中國而暴露了日俄密約。

滿鐵調查部的地區調查能力

滿鐵調查部的開端，是滿鐵第一代總裁後藤新平和第二代總裁中村是公，為了購買鐵路用地而從事的當地調查。統治新土地之際，最重要的事情就是瞭解土地的所有權權屬。為了之後不起糾紛，後藤新平帶入在臺灣成功實行的調查方法，進行當地調查，以確認之後接收土地時要如何付出賠償金。

日本統治臺灣之初，首先進行了舊慣調查，以釐清當地的多重土地權利關係。這是水準非常高的研究。漢人到臺灣墾荒的歷史雖不是非常久，也是經過了幾百年，精華地帶的土地、建築物都經過幾代抵押，不僅借貸關係非常複雜，相關文件也幾乎闕如，到最後都搞不清楚所有者是誰了。

將此複雜情況調查清楚的，是日本人。也是經過這樣的調查，中國人的商業、經營作法才初次為人所瞭解。事實上，中國人即便有著數千年歷史，

奉天車站

對於土地權利關係卻幾乎沒有什麼調查，更不會有調查紀錄。到今天，臺灣的舊慣調查依然被視為是世界唯一關於中國人土地借用權利關係的徹底調查紀錄。能做到這件事的也只有日本人。如果是現在的中國人，應該也不會經過調查，就像毛澤東一樣全部都由國家拿走就好。

漢人住在臺灣的歷史，比住在滿洲還久，滿洲地區除了奉天等城市外，幾乎都是新開發地區。原本是只有滿洲人的地方，後來到日清戰後、俄羅斯開始建設鐵路之際，才從南方來了漢人農民和商人。而解除封禁政策、漢人農民能正式進入滿洲全區，則要到清朝在八國聯軍中落敗、不得不支付列強龐大賠償金的一九〇一年之後。由於滿洲土地廣闊，最初沒有什麼所有權問題。

滿鐵調查部一開始是為了取得土地而進行調查，之後也從事風俗、民族調查，整理成「滿鮮地理歷史研究報告」。滿鐵調查部不只進行人文研究，也設立地質研究所、產

奉天的千日通街景

業試驗所、獸疫研究所、衛生研究所等設施，從事羊隻品種改良、科學實驗，研究範圍相當廣。託後藤新平、中村是公出錢支持之福，滿鐵調查部對日本的學問發展做出巨大貢獻。此後，日本國內因和內務省、軍部處不來而失業的共產主義者，紛紛出逃。這群人認為共產主義才能為全世界人類開闢未來，懷著「在日本待不下去，如果到滿洲的話應該能一展身手」的想法而進入滿鐵調查部。因此，調查部變得多是共產主義者，或是思想左傾的人。

百日變法與康有為的評價

接著來談談日清、日俄戰爭時期的清朝。

清朝在一八九四至一八九五年的日清戰爭中敗給日本後，國內興起了對軍人領導的洋務運動之批判。代之而興起的，是不只改革技術面、也要從制度面進行西洋式改革的「變法論」。

說起洋務運動，那是在一八六〇年於第二次鴉片戰爭中輸給英法聯軍的清朝，見識過武器、彈藥、船舶等西洋近代文明之威力後，由曾國藩、李鴻章、左宗棠等漢人將軍們，設立兵工廠、造船所，並興辦運輸、通信、挖礦、紡織等產業。這時，運動口號是「中體西用」，亦即精神上保持中國式思想，只在物質面吸取西洋文明。不過，上述產業是為了強化整體軍隊，也是為了強化將軍們的私兵。

即使如此，清朝依然在日清戰爭中敗給日本，三年後的一八九八年，由皇帝推行了「百日維新」。這是以立憲君主制為目標的政治改革，中心人物康有為學習日本的明治維新，主張中國宮廷也必須近代化。然而，提拔康有為以從事改革的光緒皇帝，被自己母親的姊姊西太后幽禁，改革於是宣告失敗，主事者康有為、梁啟超也亡命日本。此即「戊戌政變」。

作為改革中心者的漢人康有為，在日本受到美化，但其實他本人並未如外傳一般的深謀遠慮。他年輕、地位低、在朝廷官僚中沒有人望，並不能擔任改革的基石，不過就是像現在日本的評論家放聲高論一樣的人，身邊亦無志同道合的伙伴。

在日本，緒方洪庵的適塾、吉田松陰的松下村塾都有名氣，一旦教出了一個優秀人物，弟子就會增加，影響力及於草根庶民。但是，康有為並沒有這樣的影響力。

同樣地，孫文也是因為向李鴻章提出建言書遭拒，就馬上加入反清運動。康有為、孫文等人，都因改革失敗而亡命日本，在日本很受歡迎。很多日本人認為，如果康有為成功，中國就會變好。但是，他完全沒有改革中國的能力。即便如此，康有為身為科舉官僚，應該是比孫文聰明一些的。要在中國取得成功的話，就必須在冷酷無情的權力鬥爭中勝出。就算是諸葛孔明，也是比羅伯斯比爾（Maximilien F. Robespierre）⑮多殺了好幾倍的人的。

其後皇帝的境遇

百日變法以失敗告終後，光緒皇帝就陷入了被西太后嚴格掌控的處境。雖然身為九五之尊，卻和被軟禁的奴隸沒有兩樣。

就像在序章談過的，滿洲人有「包衣」這種身分。包衣即是家中奴隸，序章提到某位高官向一個貧窮老婆婆低頭敬拜，是因為他的祖先是老婆婆祖先的包衣。努爾哈齊、皇太極時代當過皇族「旗王」包衣的滿洲人，不管經過幾代、變得再怎麼富有，在原本的主人面前永遠是地位低下的奴僕。

例如，向皇帝稟報事務時稱自己為「奴」，代表「身為您下僕的我」的意思。不只是舊日包衣，即便是身居高位的高官，對皇帝也是自稱為奴。漢字的「奴」，是對自身的謙稱。在日本也是一樣，是用來表達謙遜語氣的敬語。若是只知道一些漢字的美國人，會誤認為是在說奴隸制，因而相當困惑。

滿洲人之間存在著上述的個人人際關係，不過，西太后對自己的妹妹和姪子光緒皇帝，幾乎是把他們當作無人格的奴隸來看待了。就像後來中國歷史上蔣介石對付張學良、毛澤東打擊劉少奇一般，這種作法或許是起源自滿洲，也說不定。畢竟，今日所謂的中華文化都傳承自清朝。清朝發生的事，全部都會被當成「中華」，沒有辦法辨別。但無論如何，滿洲人的文化絕對不會比較低下，這點是可以確定的。

雖然蒙古人的統治階級也是不錯，但是滿洲人的統治階層真的是相當優秀。他們並不是只看憑血緣而決定繼承權的社會，視野非常廣闊。特別是康熙皇帝、乾隆皇帝等滿洲人皇帝，頗為熱中於吸收歐洲文明，對當時世界也頗有認知。即不允許基督教的傳教士傳教，不過皇帝給予具備技能的傳教士以高度評價，讓他們以天文官（欽天監）、畫家的身分待在身邊，教導拉丁語。

康熙皇帝真的非常喜歡歐洲文化，並從事許多相關研究，乾隆皇帝也是相當開明的君主，雍正皇帝更是著有《大義覺迷錄》的高級知識分子。他們都做過許多努力。清朝統治漢地、蒙古、西藏等地，皇帝會使用雙語、三語乃是稀鬆平常之事，康熙皇帝本身就會滿洲語、漢文和蒙古語。滿洲人坐擁財富，而引入上流文化。他們的文化，是現今中國人所無法比擬的。

以今天的中國人、日本人相比的話，日本人的文化水準高出許多。儘管如此，中國人依然視日本人為「東夷」，亦即東邊的野蠻人。同樣的道理，他們也認為出自萬里長城以北的滿洲人是野蠻人。然而事實上，中華文明全部都是清朝統治階層新創造出來的，滿洲人一點也不野蠻。

清朝之前的明朝，只統治農耕社會。說是「農耕文明」，但是農民有文化、文明嗎？農耕社會中的都市才有文明，農民是不會有文明的吧。游牧文明亦是同理，只從游牧民來看的話應該是沒有文明，在游牧地區的草原上，超越人種、時代、語言而延續下來的才是文明。其中包括十進位、分成左右翼的軍事組織等，只是我們自己將之稱做游牧文明罷了。

滿洲文明的優點與缺點，全部都由現代中國當作中華文明所繼承下來。

李鴻章厭惡日本而依附俄羅斯

在清代，朝鮮事務由李鴻章全權負責。一八八一年，李鴻章將朝鮮相關事務的管轄權，由禮部轉移到北洋大臣，也就是他自己手上。他認為，朝鮮理應成為「中國的屬國」。

一八八二年，時任北洋大臣的李鴻章與朝鮮國王進行交涉。也就是說，朝鮮國王的地位與李鴻章相等。

平野聰在著作《大清帝國與中華的混亂》（講談社）一書中指出，日清戰爭之後，李鴻章為了排除日本，而依賴著俄羅斯。

「李鴻章認為，日本若是佔有遼東半島，俄羅斯必然主導干涉行動。在這樣的計算下，他簽署了《下關條約》。」（三一七頁）

我認為，李鴻章身為漢人，對滿洲沒有什麼關懷，也厭惡日本。平野氏的書中也談到，「不只是李鴻章，當時北京官場的趨勢就是依靠俄羅斯。於是，為維持住遼東半島而將部分新疆當作謝禮割讓予俄羅斯，或是將朝鮮半島置於中俄共同保護下而保持東三省安定，這類的提案紛紛出現。」「用向俄羅斯賣人情來壓抑日本是上上之策。」（三一八頁）

自日清戰爭敗戰至日俄戰爭結束，中國處於民族主義尚未出現、沒有「國民」的狀態。

「李鴻章對日本的怨念產生於對俄羅斯的過度死心塌地，」《大清帝國與中華的混亂》一書如是說。不確定所有事情是不是完全委由李鴻章一人負責，但至少能確定的是，外交事務由其一人定案。

成為日俄兩國勢力圈的滿洲

如同前述，我認為，日本經過日清、日俄戰爭，而從朝鮮半島推進至滿洲之事，並不是依循著什麼政策，而是在不同時期因應不同情境做出當下回應，而一點一點往前推進。日本人的失策，就是對海外事務過於無知。

日本為了本國安全而只想著確保朝鮮情勢，出兵朝鮮解決問題後，又發現朝鮮和滿洲幾乎沒有分界，滿洲也有朝鮮人，才一點一滴地深入到滿洲。向清朝提出要將滿洲區隔開來後，又因為那裡也有蒙古人，而捲入與俄羅斯的爭端。日本的行動中，一點預先策劃的意思都沒有。

此時的清朝執政者，比起由某人負起責任推行政治，更熱中於宮廷內的權力鬥爭。官宦和皇族紛紛捲入西太后發起的權力鬥爭，無暇顧及國家全體政事。

滿洲人在父祖之地的滿洲擁有莊園，每年都會收到莊園給地主的上供。有朝一日不再有上供時，變成沒落貴族的滿洲人全體，也只是狼狽地煩惱著「怎麼辦」、「怎麼辦」。

北京分為內城和外城。外城相當於今日南側的天壇和火車站一帶，漢人即居住於此。內城正中間是宮城（紫禁城），亦即今天的故宮博物院一帶，是皇帝一族的居所。紫禁城的外側，大概是現在地下鐵二號線圍住的內側，是為內城，也是前文說過的胡同區，滿洲貴族都住在此處。所謂的貴族即是旗人，並非世界歷史上所說的貴族階級，而接近向國家領取薪水的國家公務員。

然而，旗人的薪水也逐漸減少中。跟日本的「旗本」（直屬將軍的武士）一樣，經過幾代，二者都面臨要奉養的家族擴大、日子越來越不好過的問題。旗人甚至還不得從事其他工作，包括從事任何商業活動，只能從其祖墳或家族土地所在地的滿洲那裡耕作的人們，每年取得上供。

當時的清朝國內，雖然有著像康有為一樣的科舉官僚、或留學日本就讀陸軍士官學校等的漢人們，相對於此，大臣們幾乎喪失統治能力，作為公務員的旗人全體也沒有什麼作為。只有肅親王等少數改革派採取行動，任命川島浪速等日本人為警察，但是整體意義上的改革則是完全無望。

清朝統治者對於日本與俄羅斯所爭奪的滿洲，甚至連派遣軍隊的意思都沒有，僅在《樸資茅斯條約》之後的《北京條約》談到對日本的諸多想法。《北京條約》是要清國接受日俄兩國在《樸資茅斯條約》所討論達成的決定。清朝無法對俄羅斯強硬，只能對日本表示諸多不滿。又因為日方代表是對清朝友好的伊藤博文，滿洲大臣對伊藤也就能暢所欲言。

由於俄羅斯、英國就像今天的美國一樣蠻橫，清朝只得乖乖聽話照作。就如同現在的美國高談闊論，無論哪一個國家都只能全盤接受。

到了清朝末期，面對西歐列強不斷進逼，西太后也終於瞭解到國際化的重要，提出廢止科舉、推行教育改革。改革開始於創設學校、並使用日本教科書，教導地理、科學、數學等科目。又，採用留日歸國的留學生為公務員，並聘請日本陸軍士官學校畢業的年輕將校在新式軍隊執掌教鞭，進行訓練。清國以日本為學習對象，開啟了真正的近代化運動。

不過，西太后的新政也未順利推動，最後連她自己的壽命也在宮廷權力鬥爭中告終，並且在死前先賜死了光緒皇帝。以往日本出版的書籍，都寫著「光緒皇帝病死於西太后死前一天」，但其實這絕非偶然。日本人即便單純，也該有個極限才是，不可能只有日本人策劃陰謀，外國人則都沒有陰謀。

西太后殺死光緒皇帝後，自己也馬上過世了。

末代皇帝溥儀即位經緯

光緒皇帝去世後，三歲的溥儀繼任皇帝一事，是漢人中華式的思維。和光緒皇帝同輩的皇族中，還有許多像肅親王這樣的優秀親王們。但是，由相較不優秀的溥儀之父擔任攝政王，而讓年幼的溥儀當皇帝，這是漢王朝末期常見的權力鬥爭。也許是大臣們的策略——身居幕後的漢人大臣，為了自己行事方便，而排除與光緒皇帝同輩的優秀人才。因為：若是讓處於壯年的三、四十歲親王擔任皇帝，這些壯年親王多少都具備政治歷練，可能會發生皇帝與大臣意見相違的狀況。

西太后身邊盡是唯命是從之輩，對和光緒皇帝同輩的親王也是相當疏遠。她讓妹妹的孩子光緒皇帝四歲即位，雖然也任用周圍宦官或直屬滿漢大臣施政，卻也不喜歡增加改革派，而選了最容易控制的溥儀之父當攝政王。實際上，由於西太后在光緒皇帝死後隔天也過世了，在她去世之後，過去奉承她的人們害怕自此失勢，故而合力將溥儀推上龍椅。大陸王朝的末期往往是很相似的，從這點來看，清朝的結局也稱得上是「中華王朝風格」。

溥儀與婉容夫人

溥儀即位後，擔任攝政的父親不喜歡漢人大臣袁世凱，於是逼迫其下野。辛亥革命興起之際，袁世凱本已辭官回鄉，又被急忙召回、授與全權大臣之位。就這樣，幾乎沒有政治能力和國際觀的一群人，肩負著清朝的末年。

為什麼孫文起事十次都失敗？

策劃辛亥革命的孫文，在中國內地並沒有地盤。如同在《這才是真實的中國史》也提到的，孫文十四歲到美國受教育，不具備漢籍素養、亦未曾學習過四書五經，故而與科舉無緣，只有英語一項技能。他的客家出身也是被其他豐饒地區的農民所排擠的身分，又因貧窮而無軍隊。一介在澳門開業而取得英國醫師執照的華僑，在中國，是誰也不會跟隨他的。這就是他革命失敗十次的原因吧。

援助這樣的孫文的，是日本人。日本人看到孫文能說英語、雄辯滔滔的樣子，感動於「居然有這樣近代化的中國人出現了」，於是予以援助。海外華僑、中國富人們看到孫文受到許多日本人援助，也開始援助他。

孫文的權力基礎，第一是秘密結社，其次是海外華僑金援，第三則是日本人。秘密結社即是所謂的「幫派」。孫文出身南方客家人，客家單一族群力量微弱，他於是很快地組織了秘密結社團體。由於秘密結社網絡的幫助，孫文到夏威夷時，便能動員當地人群。革命同盟會的組織，也是依靠秘密結社的聯絡網而運作。

在澳門開業的華僑孫文，從外國觀察中國。以革命外交聞名的陳友仁，也是生於西印度群島的千里達及托巴哥（Trinidad and Tobago），雖然中文不甚流利，後來還是在國民政府當了外交部長。孫文也算是出身夏威夷，所以可以說，國民政府的人，都是些在中國沒有勢力基礎的人。客家族群大抵沒有掌握軍隊，以客家人身分成功的，在下一世代即是鄧小平、李光耀、李登輝等，都是接受近代教育而漸致富之人。

革命在孫文缺席之際成功了的理由

辛亥革命成功的要因之一，是因為有畢業於日本陸軍士官學校的人，擔任清朝新式軍隊長官之故。他們這批人，都是在此前眼見清朝淪為諸外國殖民地，而生危機感，向日本學習，而想使中國近代化。

中國以往相當輕視軍隊，有一句流行俗諺就是「好男不當兵，好鐵不打釘」。而加入軍隊者大多是有過前科的失敗者，使得軍人更被瞧不起。但是，這些人到日本留學後，發現軍人是地位崇高、受人尊敬的。他們於是帶著「軍人是很體面的職業，並且是改變國家的人群」的自尊，回到了中國。

在日本陸軍士官學校學習過的新式軍人們，展開了嚴格的訓練。具備知識和財富的地方鄉紳階級、也就是為軍閥出錢建軍的人們，非常中意新式軍隊。因為新式軍隊是有文化、知識的軍隊，跟自己比較能溝通。新式軍隊和鄉紳階級合作，就是辛亥革命成功的理由。

不過，辛亥革命並不是真正的「革命」。它是起自清朝部分軍隊的武裝暴動，不是民眾群起反抗的「革命」，故不如說為「武裝叛變」才是。開始稱之為革命的，是日本人。日本人以為中國也發生了像法國那樣的革命運動，所以給的溢美稱呼。

事實上，辛亥革命算是地方軍隊叛亂，所以清廷才召回因宮廷鬥爭落敗而下野的袁世凱，命其鎮壓反叛軍。由擁立溥儀的人們、亦即以其父親攝政王為首的政壇新勢力來看，袁世凱是會給他們帶來麻煩的實力者，當然要除之而後快。但是此時南方開始發生叛亂，只能全權委託於袁世凱，請他回來坐鎮。

袁世凱運用繼承自李鴻章的北洋軍子弟兵，壓制了反叛勢力，而和孫文談判。日清戰爭時待過朝鮮的袁世凱，和瞭解英、美、日本等外國的孫文，至少都清楚，如果再像南北戰爭一樣對立，只會讓外國趁虛而入、坐收漁翁之利。

孫文也瞭解袁世凱的北洋軍隊比較強大。新式軍隊人數少，若要認真是無法和袁世凱匹敵的。於是，孫文為了不再起爭戰，而和袁世凱交涉，將剛建立的中華民國臨時大總統之位，讓給袁氏。

至此，清朝迎來終局。然而，袁氏凱對於任命自己擔任全權大臣的清朝，約定了「清朝雖然滅亡，但是可以保有所有權利，也能維持皇帝稱號」。六歲的皇帝溥儀及其父親，眼見保全住財產、獲得年金、照原樣住在紫禁城、並終生保留皇帝名號，也就答應了這件事。因為如果再起戰爭，恐怕會失去一切。

就這樣，辛亥革命隔年的一九一二年二月十二日，清朝正式滅亡，代之以中華民國。皇帝在和平中讓出位子，這已不算是革命，而是禪讓。

第二章
中華民國建國後到滿洲國建國

中華民國建國後中國的實際情況

第二章討論中華民國建國到滿洲國建國之間的事。

乍看之下，中華民國是接續清朝的下一個王朝，事實上卻處於分裂狀態。經過辛亥革命建國後，中華民國不再能實質支配蒙古、西藏、新疆等地。並且，儘管本身是漢人的土地，也無法達到有效統合。

清朝原本是讓科舉官僚到不是自己故鄉、說不同方言的地方赴任，藉此方法統治全體。這是因為，若讓地方官勾結自己的家族，會產生麻煩。

到了中華民國時期，各省將原本在省內的外省人趕出去。現在還會說到「外省人」的，看似只有臺灣——戰後，在國共內戰中落敗的蔣介石移住臺灣時，隨之一起移居臺灣的人們稱為外省人，從很久以前就住在臺灣的則稱為本省人。但其實，大陸整體都會將本省以外的人稱為外省人，例如四川人會將四川省以外的人都叫做外省人。

前面談到，中華民國時期，各省將外省人趕出去，而代之以本省出身之人。有點像美國的州政府一樣，各個地方由本地出身者運作。對地方商人來說，自然是本地人比較好，宗族也團結一致。不過，這其實是分裂的開始。

中華民國的政府，姑且由廣東軍政府所代表。但是，廣東軍政府只瞭解廣東省的事，完全不插手他省事務。也就是說，所謂的中華民國根本難以稱做是「一國」。

清朝統治的二百六十年間，之所以能管理如此廣袤的地域，就像之前所說的，是建立了一套系統。諸如讓滿洲人——亦即旗人——到南京等重要地區赴任、建立滿城；分別派遣巡撫、總督；在公務員之間以文書往來報告地方情報。若以各省來區分此系統，隔壁省分就好像外國一般。

然而，日本人被「中華民國」一稱所蒙蔽，認為既然稱做「國」，就必然是統合的國家。在中華民國中實力最高的人，是從李鴻章處繼承軍隊的袁世凱。由於從李鴻章的時代起，袁世凱就請來日本人和其他外國人推行近代化，故而握有中華民國近代化程度最高的軍隊。

參與日清戰爭的是李鴻章的北洋軍，袁世凱亦有與外國作戰的經驗。北洋軍從沿海的富人們獲得資金，而有自己的武器製造所和軍服製作工廠。在二十多年後的支那事變中，中國使用了各式各樣的武器，包括蘇聯、美國、英國、日本、德國、捷克、匈牙利等國所製，新舊款式都有，宛如兵器實驗場一般。

無論如何，中華民國建立之際，訓練最精良的軍隊是北洋軍，而率領北洋軍的袁世凱即是實力最大者。

袁世凱的真面目

袁世凱權力的來源，是被清朝任命為全權大臣。也可以說，是袁世凱繼承了清朝。中華民國成立之初，經過和孫文的溝通，袁氏成為臨時大總統。但是，由原為清朝藩部的西藏、蒙古、新疆來看，這是難以理解的。對這些地方而言，袁世凱從中華民國建立起就背負著清朝。若說「我是皇帝（或攝政王）任命的全權大臣，在清朝屬臣中排名第一」，對藩部就講得通了。

邊境地方對於清朝的滅亡，沒有實際感受。皇帝還住在紫禁城，而且就算已經變成中華民國，皇帝還是會發出詔書。比如蒙古、滿洲提出王公世襲繼承的申請時，皇帝依然會發給印有玉璽的公文。

袁世凱深知，自己要面對南方革命派之外的清朝其他領土，因而需要背負清朝之名、並禮遇清朝皇帝，否則很快又眾叛親離。為此，袁氏在世期間，每次進入宮城，都會對皇帝（當時稱做「廢帝」）和攝政王盡臣下之禮。

袁世凱面對革命軍時，自稱從孫文之處接受了臨時大總統之位；對此外的其他清朝領土，則是背負清朝之名。從而，他以優待條件讓皇帝繼續住在紫禁城，並不是為了討好滿洲人，而是為了自身的原因，不將清朝摧毀殆盡。

袁氏是距離首都最近的最大軍閥首長，別無能與之匹敵的軍閥。發起革命的新式軍隊各個長官遲遲無法統合為一，其他軍閥也只是從地方富人處取得資金、培養私有軍隊。袁世凱死後，雖然閻錫山等軍閥覬覦其權位而崛起，卻沒有人再擁有像他那樣格外強大的力量了。

袁世凱去世後，從外國來看，中華民國陷入不知與誰交涉的狀態。袁世凱出身漢民族，而漢民族是同時聽命兩國、三國也可以的。他們的作法是，因為已經沒有可以宣示忠誠的對象，本來也沒有什麼國際感，所以不管是哪個國家都好，能獲得援助就盡量索取。

在北京的清朝大臣、屬臣還維持著清朝依然存在的假象，人際關係也依舊維持著。特別是在滿洲，清朝軍隊、施政還是維持原樣。在滿洲，沒有人贊同起自南方的革命，故而在辛亥革命後，出身八旗兵的滿洲軍人和將軍依然理所當然地維持秩序。

日俄戰爭前，滿洲由三位滿洲人將軍施行軍事政治。日俄戰後的一九〇七年，第一次設置了像內地一樣的「省」，派遣巡撫和總督，不過被任命的巡撫、總督還是漢人籍的旗人。直到張作霖等人崛起前，朝時期的將軍在辛亥革命後都依然維持影響力。到袁世凱逝世為止，滿洲一直維持著這樣的狀態。

如果將袁世凱想成中華民國的「節點」角色，就比較容易理解了。我認為，要說為什麼一九一二年清朝沒有出現大規模動亂，就是袁世凱用心促成了「軟著陸」。

中華民國肇建後，雖然袁氏保留了部分清朝的統治架構，各省依然希望獨立。國民黨領袖宋教仁也認為美國的州制符合中華民國實情，而起草了推動地方分權的憲法法案。但是，宋氏其後就被不願意地方分權的袁世凱暗殺。

袁世凱認為，如果各地方分散不統一，雖不至於像五胡十六國時期一樣，也會各自被外國進佔，中華民國亦不復存在（孫文也一樣反對地方分權，才有讓袁氏擔任臨時大總統的交涉）。

其後，袁世凱宣布自己要當皇帝。他的理由是，漢人還是要以王朝統治才行。因為他是清朝屬臣中實力最強的人，這次建立的就是袁世凱王朝。想必袁氏是認為，中華民國若實行地方分權，就會四分五裂，將來岌岌可危。之後的毛澤東也是這麼想的。

然而，即便當時有清朝復辟（復興）運動，袁世凱自己讓清朝滅亡又說要當皇帝的行為，不管是誰都覺得沒有道理。滿洲人自然是反對袁世凱稱帝的，袁氏子弟兵更是大唱反調。究其原因，如果袁氏王朝成立，下一任皇帝可能也是他的族人，那麼自己的子孫將永無出頭之日。

因此，袁世凱雖然發出皇帝宣言，卻被周圍的人大加反對，馬上又退下皇帝寶座。不久，就在失意中過世。

對於袁世凱就任皇帝，外傳日本也強烈反對，事實並非如此。對於無法得到國際支持的袁氏，日本若因察言觀色而延誤主張反對的時機，反而顯得顯眼。日本一向對事認真，只是不擅長轉換想法，有時反倒吃虧了。

支持孫文的日本右派能分辨漢人和滿洲人的不同嗎？

發起辛亥革命的孫文，因為出身貧窮的客家族群，在中國國內並沒有勢力基礎。他雖然努力地在海外尋求贊助者，但只有英國對中國國內事務有些瞭解，也沒有什麼人提供支援。孫文在英國甚至受到通緝，曾在倫敦被綁架到清國公使館。

在日本的外務省，石井菊次郎⑯有生之年並未將孫氏放在眼中，民間倒是提供其許多援助。雖然孫文一下說「滅滿興漢」，一下又說「扶清滅洋」，翻來覆去，盡是自己想說什麼就說什麼，不過日本右派的亞細亞主義者，卻給他很高的評價。

這裡所說的右派，是指支援孫文的頭山滿、內田良平等亞細亞主義者，我想他們沒辦法分辨漢人和滿洲人的差異。辛亥革命後，滿洲人隱瞞了自己的出身。畢竟清朝也算中華帝國，日本人是分不出誰是滿洲人的。即便是漢人，也因地方不同而有方言分別，從而四分五裂。日本人都認為，滿洲人就是這些分裂族群的其中之一。

滿洲人自身，面對日本人時不使用滿洲語，而使用漢字。又因為現在被用為中國標準語的普通話，原本是北京內城滿洲人所講的話語。所以，從日本人來看，滿洲人也是漢人。

聽到「愛新覺羅」這個姓氏時，日本人一下子就會想到：「啊，是滿洲皇族嗎？」但用漢字概念去看這個姓氏，會覺得是一個「奇怪的漢字組合」。滿洲人使用漢字，外表也和漢人無異，當然會被視為漢人吧。

即便如此，中華民國時期，滿洲人的處境非常嚴峻，在各地時遭虐殺，只能隱藏滿洲人出身。因為曾為清朝的統治階級，滿洲人於是被當作復仇的標靶。滿洲旗人因為「曾為統治階級」的理由而受到殘酷對待，原本從國家領取俸祿的他們，一舉從貴族貶為平民。為了生存，滿洲人必須拼盡全力。

由於滿洲人隱藏了出身，當談到自身的認同為何之際，便變得渾沌不清。蒙古、西藏、維吾爾等族，即使清朝滅亡，仍然保留原本居住的土地，同族人聚居，也擁有獨有文字和語言，因而維持住了凝聚力。蒙古、西藏等都有可能發展出自己的族群主義，但是滿洲人因為已經融入漢人生活，並沒有那樣的可能性。

辛亥革命後，日本人即使想幫助滿洲人，但滿洲人自己卻彷彿經過「民族淨化」一般，幾乎不復存在。至今，無論是日本史或中國史，都沒有提及滿洲民族勢力的消失。漢民族對滿洲民族的虐殺，還處在幾乎沒有受到研究的狀態⑰。

清朝滅亡後的溥儀

即使是到清朝滅亡、中華民國建立的一九一二年之後，溥儀依然如同以往地住在紫禁城，日復一日。直到一九二四年被馮玉祥的武裝政變趕出紫禁城之前，他就這樣過了十二年。

因為袁世凱一直以臣下身分應對進退，還是孩子的溥儀，並未意識到清朝已然覆滅。這和俄羅斯革命後，沙皇一族被屠殺殆盡的狀況完全不同。故即使要說辛亥革命是革命運動，其特徵也是舊體制慢慢崩壞。之前曾說過，其實用「革命」稱之不是很適當。袁世凱約定，溥儀一生都能住在紫禁城，也保證了滿洲人的地位和財產。溥儀接受這些條件，進而廢止清朝，並認可中華民國，這應該視為「禪讓」才是。並且，即便改名為中華民國，對革命派以外的人而言，清朝實質上依然延續著。

就算袁世凱在一九一六年逝世，爭奪其權位的後繼者們，也認為繼續維持清朝架構對自己有利。為此，眾人都試圖再次擁戴皇帝，使其復辟。

一九一七年七月，正當俄國革命開始前夕，安徽督軍張勳擁戴溥儀，將他再次推上帝位。張勳認為，要防止國家分裂，除此之外別無二法。然而，僅僅十二天後，他的計畫失敗，溥儀又繼續過著住在紫禁城的日子。

崛起於袁世凱死後的有力軍閥馮玉祥，對袁世凱定下的約定置之不理，在一九二四年剝奪了溥儀等人的權利，將滿洲人趕出紫禁城。一九二八年，來自南方的國民黨軍隊盜掘了乾隆皇帝和西太后的陵寢，並在掠奪陵園之後放火燒毀之，溥儀逐漸陷入絕境。當時，是日本人藏起了溥儀。與袁世凱的約定被馮玉祥毀棄後，溥儀一開始逃到日本公使館，接著被藏在日本的天津租界，變賣財產，以換得溫飽的生活。

以上發生的這些事，當時人們都三緘其口，後來是由渡部昇一監修的《紫禁城的黃昏》（祥傳社）披露。這個版本將此前出版的岩波書店版所刪除的部分，全部收錄進去。

逃出生天的溥儀，無法調和滿洲大臣和漢人大臣的不和，暴露出統治能力的闕如。由於溥儀不是很可靠，在滿洲事變後，對於是否再次推舉他上位，也有正反意見之分。就算溥儀三歲成為皇帝，亦是六歲就被廢，被趕出紫禁城時還不過十多歲，這中間並沒有受過什麼帝王教育，這也是不得已的事。但即使在此之前未曾參與過政治策劃，他依然懷抱著再當一次皇帝的夢想，前往滿洲。

當時的外國情勢是，日本正處大正政變、歐洲陷入巴爾幹戰爭，各國都有自己的問題。此際，也是日本在日俄戰爭後，與俄羅斯處於蜜月期、平分滿洲權益之時。同時，因為崛起的德國向日英同盟、法俄同盟挑釁之故，促成日、英、法、俄四國進行協商，日本完全不用多想就能在國際間生存。日俄戰爭結束後，日本一度恐懼俄羅斯的報復，卻在一九〇七年四國協商完成後，放下心中大石。

日俄戰爭打了勝仗後，日本人確實是墮落了。因為是戰勝國的國民，有不少人便狐假虎威地跑到大陸逞起威風來。也不只限於日俄戰爭，所謂的順境會造成煞車失靈，一般人都要注意。我認為，現今的資本主義，也因為與之對抗的蘇聯消逝，無所抗衡之下，導致了雷曼兄弟連動債事件等問題。

爭奪中國利權的列強

下頁表格是清朝時代一八八二年起，經辛亥革命，到支那事變為止，列強對中國的貿易變遷。

列強對華貿易的比例

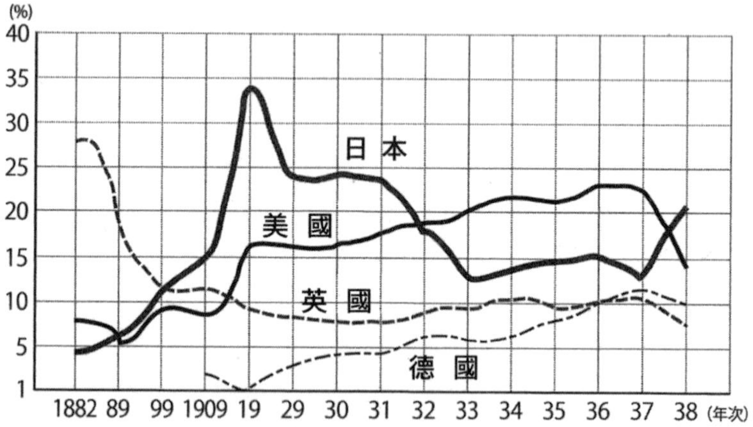

根據東亞研究所《列國對中投資與中國國際收支》（一九四四年）製作。
（表中數字不包含列國的殖民地。）

首先，英國自一八八二年到一九〇〇年左右，貿易額度大幅下降。與此對照，主張門戶開放的美國則是急遽上升。美國透過獲取夏威夷、菲律賓等地而進入亞洲活動，並在世界各地奪取英國的利權，因而此期，英美兩國關係非常不好。對中國貿易即反映了此事。

英美貿易額度出現逆轉，是在第一次世界大戰開始的一九一四年左右。由於一次大戰主要戰場在歐洲，造成歐洲疲弊，美國則是最大受益者，這也可從表中看出來。日本從日俄戰爭（一九〇四至一九〇五年）之前就處於上升階段，辛亥革命（一九一一年）時更為增加，到五四運動興起的一九一九年，則急速下降。

列強獲得的利權（二十世紀）

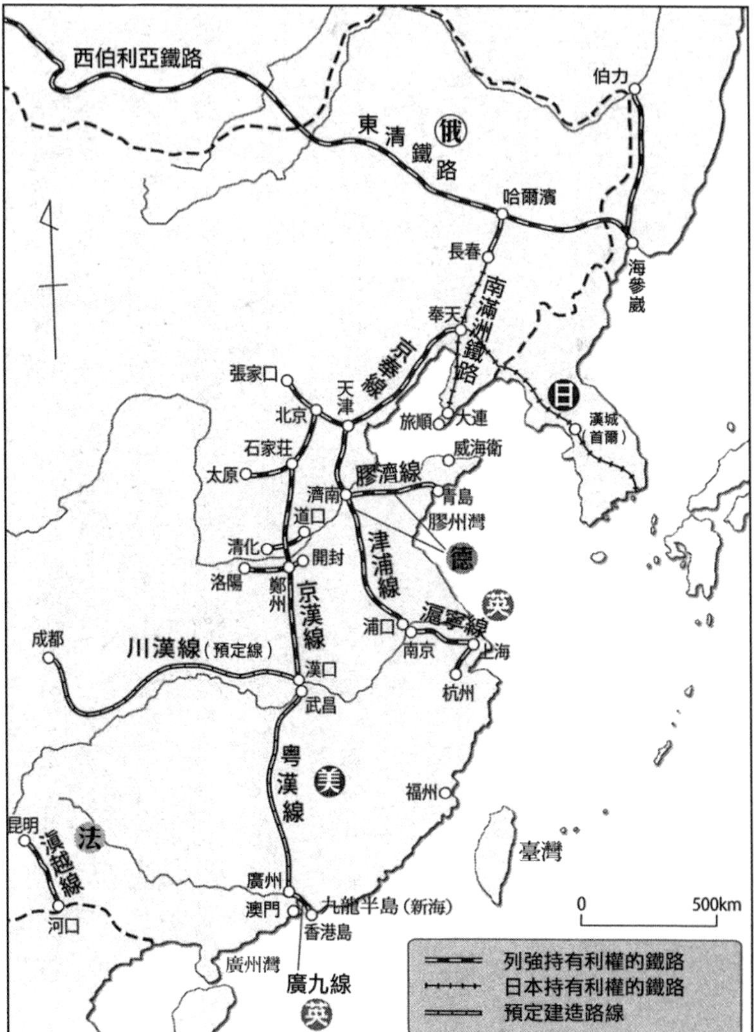

根據《世界的歷史 19——中華帝國的危機》（中央公論社）製作

我不清楚美國究竟對中國強迫推銷了什麼，不過，美國、英國、法國、德國等列強之間，確實競相爭取從本國利權所在的沿海地區向內陸鋪設鐵路。俄羅斯則是自本國領土西伯利亞南下，日本亦從朝鮮半島向滿洲鋪設鐵路。

辛亥革命時期

在辛亥革命中宣布獨立的省分，一開始是十四省，到一九一二年元月中華民國建國宣言發布時，則有十八省。即便如此，也還不到當時清朝疆域的一半。

「省」這樣的行政區域，始於十三世紀蒙古人統治下的元朝時代。元朝在今天的北京建立首都，名曰大都，並設立最高行政機關「中書省」。中書省原則上是管理皇帝直轄領地的機關，也在其他皇族不在所轄領地時，負責代為收取稅金，之後再轉交所徵稅金的配額。大都的中書省，管轄戈壁沙漠以南的蒙古草原，以及華北地區的山東、山西、河北等地。此外的其他地方，由中書省派出「行中書省」公務機關，管轄各地居民。行中書省簡稱為「行省」，成為今日中國省分區分之起源。

在此之前的中國，從來沒有這樣廣大的行政區域。當時最大的行政區域就是「縣」，

辛亥革命時宣布獨立的十四省

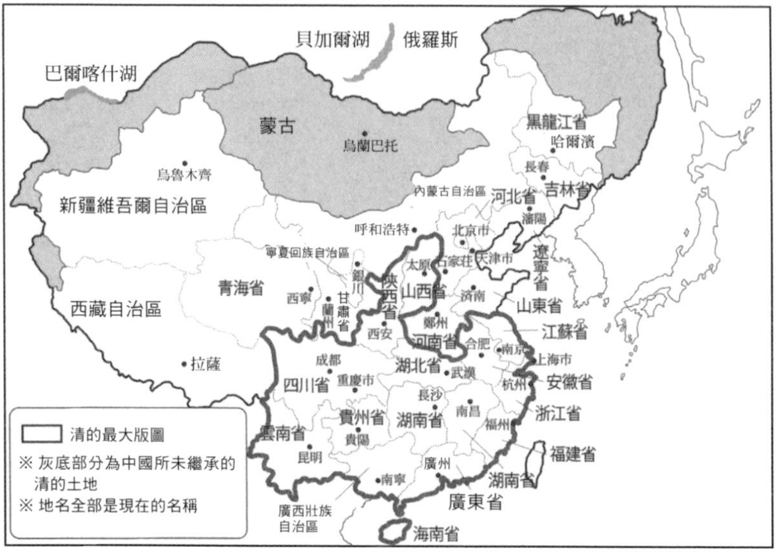

知縣被中央的皇帝派駐在地方城市，向所轄土地徵集稅金。因此，該城市本身稱作縣。不過，中國的縣不像日本行政組織的「縣」那樣廣闊，毋寧較為接近「縣城」，是一個由城牆圍起來的城市。

因此原本的中國，各地方有著許多縣，各自有各自的網絡連接，是劃分得相當細小的行政區域。

建立元朝的蒙古人開始統治漢地之際，不喜歡太過細碎的行政區劃，從而劃分出相較大的行政範圍。那就是今天四川、雲南等中國省分的界線，再派地方官到各地收稅。後來的明朝清朝，也繼承了這樣的行政區劃。

下頁附圖的滿洲國地圖中，位於

滿洲國

元朝的行政地圖（以第二代帖木兒汗時代為準）

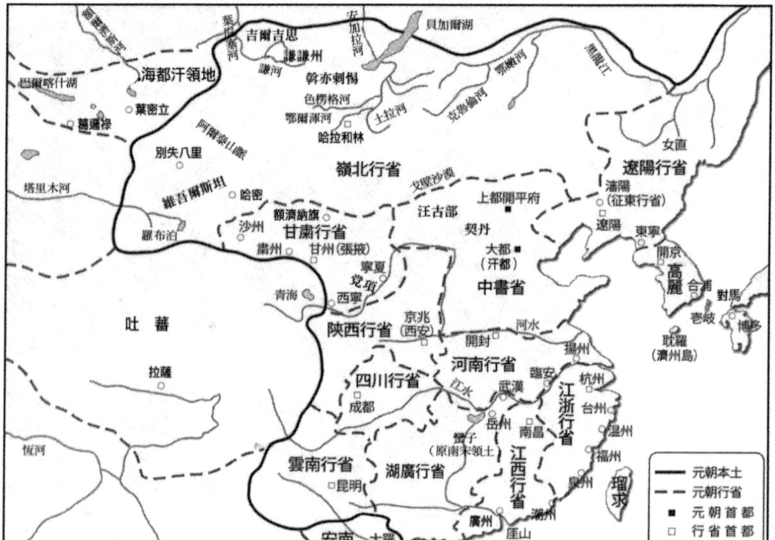

戈壁沙漠以南的蒙古地區的察哈爾省、綏遠省、寧夏省等，是中華民國時期建立的省分。但是，那是於接近草原處活動的軍閥，為了開墾農地而擅自將地名取做「省」，實際上不屬於中華民國的統治範圍。

軍閥混亂時期

如《這才是真實的中國史》所指出的，軍閥的起源是在鴉片戰爭後，由於清朝正規軍無法鎮壓起於中國南方沿海地區的太平天國等亂事，遂由當地建立的自衛軍隊。崛起於此際的淮軍、湘軍，和李鴻章的北洋軍有所聯繫。軍閥出現於本有自衛警備軍隊的地方，而不存於有滿洲兵、蒙古兵戍守的地方。

若是使用「軍閥」這個稱呼，就好像在說某個被統制的軍隊，容易混淆。他們本身則自稱「鄉勇」、「鄉團」，是由地方上有實力者「鄉紳」出資建立的自衛軍隊。不過，軍閥是日本人取的稱呼。

統治滿洲的張作霖出身奉天，故被稱為「奉天派軍閥」。因而，和張作霖合作的人們也都被稱作奉天派，不過，這並不代表張作霖統領了以奉天為中心的滿洲軍閥。奉天

中華民國（1912～1949）

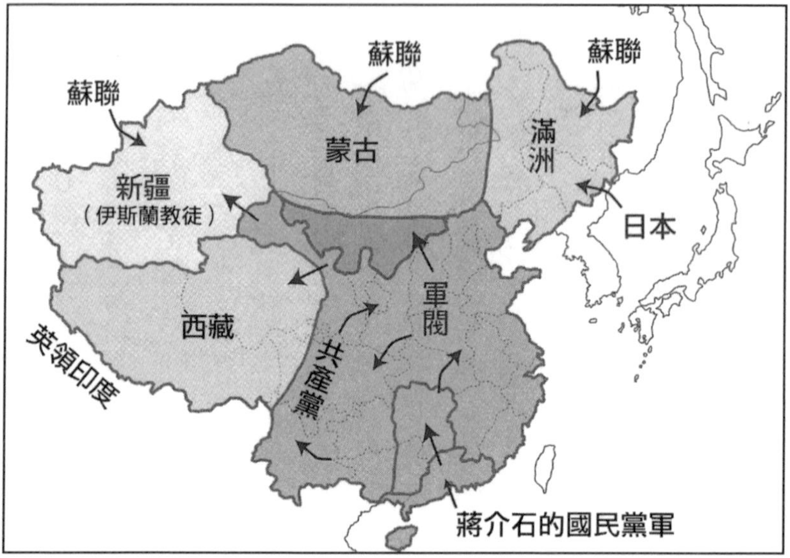

派的人不必然出身於奉天，也不一定住在那裡，而是因人際關係和張作霖有聯繫，所以就算住在南方也可以算做奉天派。從日本人來看，分散滿洲各地的軍閥，是各自統治著某片土地，但事實並非如此。不過，將奉天派想成由奉天當地收得的稅金供養，倒是沒有問題。日本的政治家，也常有以和出身無關的特定地區為地盤，出馬參選的情形。

在日本，全國各地都住著許多人，並風行同一文化。外國人所佩服的是，搭乘新幹線到各地，不管何處都有城鎮存在，這是在其他國家不會有的景色。城鎮消

1920 年代的中國

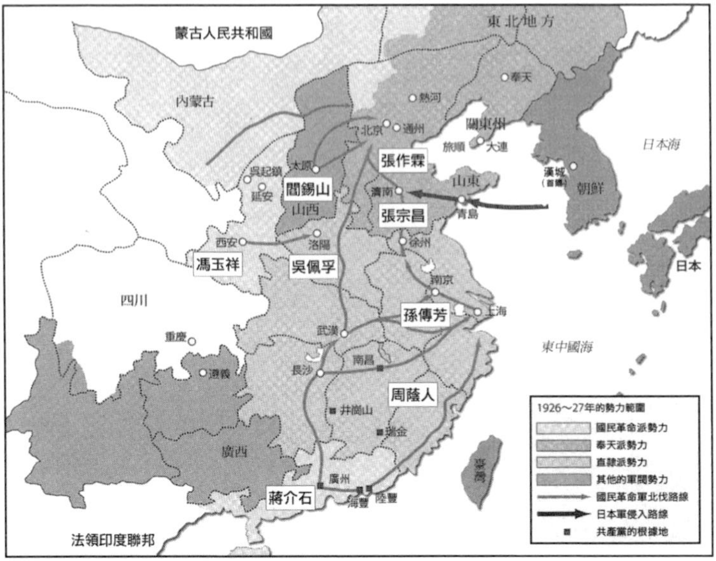

根據《日本史聯合圖錄》（山川出版社）製作

失後，出現森林荒野一片，不久城鎮又紛紛出現。中國也是一樣，城鎮以外別無一物，並在城鎮與城鎮之間建立聯繫網絡。

軍閥的軍隊並不住在城鎮之中。類似日本黑道那樣，他們依靠在城鎮經商的商人提供吃穿，也像黑道一樣形成親屬一般的網絡。

就算是現在，也依然能用《水滸傳》、《三國演義》的世界觀來看待中國。直隸軍閥、奉天軍閥雖然冠上地名，但是並不是像江戶時代統治一藩的大名，反倒比較接近黑道山口組。為了從自己的地盤分得應得配額，而以武器排除意圖染指地盤的外人。

中國的「青幫」、「紅幫」也是有這種網絡的組織。大致上來分，青幫以海為地盤，紅幫則以陸地為舞台。青幫原本是秘密輸入鴉片、在中華民國初期主宰上海的犯罪組織。紅幫則是成員多姓洪，洪與紅同音，於是稱作紅幫。也有一說是取自明太祖朱元璋年號的「洪武」。像是共產黨中的哥老會，就屬於紅幫。

不論是共產黨或是國民黨，手下都是幫派分子。共產黨是農村的幫派，國民黨則以都市幫派為手下。都市多餐廳經營者，能收取許多保護費，故而國民黨的收入比較豐富。農村則是再怎麼努力，收入也不高。國家不提供保護，在只有城鎮和農村的中國，就只能創造出這樣的人際關係。

孫文也是軍閥之一

國民革命軍是軍閥，即便是孫文，也被當時所有的中國人視為軍閥。大家意見是一致的。但是，孫文並未擁有自己的軍隊，理論上不算是軍閥。

因而面對外國時，孫文只能擺出一副「我很偉大」的樣子，說說大話而已。直到他從外國帶著錢回國，才開始有人加入麾下。孫文接受日本人捐獻資金，並使用秘密結社網絡，也接受夏威夷華僑的援助。由於孫氏持有美國國籍，即使出身中國，也還是算外國人。

如同前文所言，中華民國全國由軍閥割據，軍閥各自養自己的軍隊，軍隊四處移動，從能得到錢的地方收取稅金，故而不是日本人想像中的國家。

派遣到各省的公職都督，實際上也是軍閥。所謂的都督府，雖然比之前說的知縣，官要大一些，要之，就是統治中央的大軍閥，派遣自己的部下到地方都督府，彼此間互為三強、四強鼎立或競爭關係。此外，也有許多勢力僅能統治一個城市的軍閥、或是僅有數千兵力的軍閥，在各地間流浪，以尋求能雇用自家軍隊的大軍閥保護。

從以前起，一遇到乾旱等無法謀生之時，各地就會出現流動盜匪。地方上的人們會覺得盜匪還比較好，究其原因，是因為盜匪考慮到明年還想再掠奪食物，所以不會殺死人民，也給他們留下最低限度的糧食。但是，要是中央的軍隊來了，掠奪的情形更加嚴重。盜匪與軍隊兩邊沒有什麼差別。

軍閥若是為了籌措軍費，跟誰都能結盟，並不是為了什麼意氣相投的原因。軍閥之中，也有一個出身少數民族壯族的陸榮廷。雖然歷史書上，有著軍閥割據圖這樣的東西，不過，他們其實是會移動根據地，並無清楚界線。軍閥勢力有起有落，人名也是不及備載。也就是說，所謂的軍閥割據圖，並不能確認記載了哪一年的事。

只是，和以往不同的是，到了二十世紀，開始出現日本陸軍士官學校畢業的軍閥，增添了一些近代氣息。新軍閥為了守護自己家族和故鄉，比較會想施行好一些的政治。真要說的話，就是「有知識的黑道」。到一九四九年中華人民共和國成立為止，這種軍閥都一直存在著。像是被蒙古人所嫌惡的閻錫山，即屬於此類。他們將自己的根據地建設成獨立王國，不讓外人進入，同時又在其中推進近代化。

奉天派和直隸派之間的奉直戰爭，在歷史上相當有名，但其實就是像黑道相爭一樣。若是稱做奉直戰爭，反而容易使人混淆。中華民國在地方分權的實情下，完全不是統一狀態。就連日本人，也被捲入軍閥之間的權力鬥爭。

清朝覆滅後蒙古、穆斯林、西藏的動向

清朝滅亡後的蒙古、穆斯林和西藏，跟中華民國的建國並無直接關連。清朝時期將這些土地稱為「藩部」，非由皇帝統治，而由當地有政治實力者執政，故而他們不認可

漢人建立的中華民國，也是很合理的。然而，中華民國一方的中國人，主張自己是接受清朝皇帝的讓位，故繼承了對清朝領土的支配權，並向國際列強力宣傳此說。

由於對滿人和漢人的不滿累積已久，蒙古人的反應非常快。以下，必須往前追溯說明。

一九〇〇年八國聯軍事件後，不得不向十一國支付龐大賠償金的清朝，一改以往守護藩部土地的政策，而採取割捨沒有作用的蒙古騎兵、讓漢人開拓蒙古草原以收取稅金的策略。

日本在日俄戰爭中勝利後，滿洲進入了俄羅斯、日本的勢力範圍，清朝才急急忙忙地在一九〇七年於滿洲設立省分。同此之際，也在蒙古增加駐軍。結果，一直維持的禮遇蒙古人僧侶的政策遭到取消。

漢人農民不只是進入滿洲，也一口氣推進到戈壁沙漠以南的蒙古草原，即今天的內蒙古諸部。由清朝封爵的蒙古王公，雖無法從游牧民處取得稅金，但將土地借給農民的話，卻能從穀物中收到稅金，便擅自把原來大家共同使用的土地租出去了。

在今天的蒙古國，由於戈壁沙漠橫渡困難，漢人農民並未大量進入。不過，清朝在南蒙古的實權卻由漢人官僚掌握。蒙古統治階層得知此事後，遂向前來赴任的滿洲大臣抗議。在庫倫（今烏蘭巴托），也發生了佛教僧侶與漢人商人的爭端。

一九一一年在庫倫舉行佛教法會之際，集結的蒙古領主、僧侶們決定向俄羅斯求援。正當此時，中國發生了辛亥革命。

北蒙古的統治階級，於是宣布一九一一年十二月一日起自清朝獨立。十二月二十九日，推舉西藏佛教高僧為元首。自此，中國即稱不在自己治下的蒙古為「外蒙古」。

北蒙古藉著俄羅斯的支持，而和中華民國展開討價還價，俄羅斯則採取捨名求實的策略。亦即俄羅斯認可北蒙古（外蒙古）為中華民國領土、中華民國握有其主權，但要將軍隊撤出當地。俄羅斯也撤出自家軍隊，而讓北蒙古成為自治狀態，但也將之劃為自己的勢力範圍。此時，現今的內蒙古也一併尋求獨立，但因當地和漢地太過於接近，亦有軍閥勢力在此活動，故而被迫捨棄了。

如同在第一章所談過的，根據日俄協約，日俄雙方劃定一條通過北京的界線，此線以東被定為日本勢力範圍。這也是讓俄羅斯只援助自身商業圈內的北蒙古的原因之一。

位於中亞的新疆，在清朝末期的一八八五年設省，然而來此的漢人官僚，盡是想大賺一筆就回鄉的人。雖然天津商人、山西商人還是繼續在新疆做貿易，不過，和俄羅斯、英領印度之間的交易，則是被當地伊斯蘭商人所掌握。

辛亥革命一興起，雲南出身的科舉官僚、時任新疆省長的楊增新，就在當地成立了獨立王國。一九二八年楊氏在武裝政變中被殺身亡，由同為漢人的金樹仁繼任省長。

一九三三年，當地土耳其系穆斯林在喀什市成立「東土耳其斯坦伊斯蘭共和國」，不久後即被回族軍閥馬仲英所滅。一九三四年，盛世才在蘇聯援助下打敗馬仲英，掌握了新疆統治全權。

到當時為止，居住在新疆南部綠洲地帶的穆斯林（伊斯蘭教徒），都還沒有固定的民族名稱。他們彼此之間互稱「Qäshqärlik（喀什人）」或「Khotanlik（和田人）」，清朝則稱他們為「回回」。一九二一年，蘇聯的阿拉木圖會議決定了「Uyghur」這個民族名稱，盛世才遂將該名稱的漢字表記「維吾爾」當作民族名稱。

一九四四年，盛世才被國民黨解任、遠去重慶後，維吾爾人在北部的伊犁・哈薩克地區再次成立「東土耳其斯坦共和國」。這個共和國受到蘇聯的影響不小，一九四九年，在史達林和毛澤東意見一致下，被收為中國領地。這件事等有機會再詳談。

由於身為英國、俄羅斯中亞「大博弈」時期的一部分，西藏的情形要比新疆更為錯綜複雜。西藏一方面被在印度的英國勢力所覬覦，另一方面則有新疆的俄羅斯勢力虎視眈眈。西藏內部則分裂為達賴喇嘛、班禪喇嘛兩派，兩派的攝政們亦互相爭奪權力。

一九〇四年，由於英國的楊漢斯本（Francis Younghusband，又譯作榮赫鵬）率軍攻入西藏，十三世達賴喇嘛北逃蒙古，一九〇八年到達北京。英國和清朝在西藏缺席下簽訂條約，西藏東部由清軍進駐，劃為直轄地，推動漢人進入墾殖。這就是今天的四川省。

辛亥革命興起之際，十三世達賴喇嘛逃到了印度。得知清朝滅亡後，於一九一三年一月回到西藏，和北蒙古締結條約，互相確認獨立，遂於同年二月提出獨立宣言。然而，西藏的獨立卻不被中國和英國承認，在國際上也得不到認可，直至今日都是如此。

和上述蒙古、新疆、西藏的反應不同，散居各地的滿洲人無法團結一致，就連故鄉滿洲也變成俄羅斯和日本的勢力範圍。

二十一條要求

一九一四年，第一次世界大戰爆發。隔年，日本對中國提出二十一條要求。這件事在《這才是真實的中國史》中已有詳述，要之，二十一條要求是十四條要求加上七條希望條款。條約的真正內容是十四條要求，大致是日本要求中華民國承認日俄戰後日本與清朝議定的條約內容。若是繼承前一個國家，也應該繼承條約才是，亦即「如果不能遵守國際法，就無法被認可為主權國家」的道理。

提出這個道理，意味著如不遵守即不能與國際社會往來。要是袁世凱同意二十一條要求中的十四條，就等於承認滿洲不屬於中華民國。

對於這件事，滿洲人毫無反應。當時各地時有虐殺滿洲人之事，他們都害怕得保持沉默。

只是，在日本政府的要求中，還包含德國在山東半島的權益。因為日本參加第一次世界大戰，打敗了德國，遂繼承德國的權益。但是，中華民國在第一次世界大戰的最後時刻也宣布參戰，亦是戰勝國，故而不願意讓渡山東半島的權益。

袁世凱披露了日本要求的秘密條款，訴諸國際輿論。但是，英國、法國等國家要求中國日本兩造自己談清楚，而拒絕了中國的要求。最後，袁世凱以接受借款的條件替代了對日本要求的認可，用日本給的賄賂為基礎，甚至當上皇帝。

西伯利亞出兵

一九一五年，正當一次世界大戰爆發之際，捷克、斯洛伐克地區的士兵被編入奧匈帝國軍隊，而與東部戰線的俄羅斯軍隊對峙。然而，希望從奧匈帝國獨立出來的捷克士兵向俄羅斯投降，有許多站在協約國（Allied Powers）立場對德國作戰的捷克、斯洛伐克士兵出走，數目約有五萬人之多。

不過，一九一七年俄羅斯發生革命，蘇維埃政府於一九一八年三月與德國單獨講和，脫離了協約國戰線。於是，站在俄羅斯立場作戰的許多捷克士兵，經由西伯利亞鐵路到達太平洋岸，渡海移動、投入西部戰線的協約國一方。五萬捷克士兵在西伯利亞移動的途中，和俄羅斯俘虜的德國、奧匈帝國士兵擦身而過，彼此發生了小摩擦，這最後演變為捷克軍和蘇維埃之間的全面衝突。

捷克軍和哥薩克騎兵隊的隊長謝苗諾夫（Grigory Semyonov）會合，在西伯利亞西部建立了反蘇維埃政權。英法兩國支持他們，並要求美國、日本也出兵協助這個政權。以日本而言，俄國革命軍打倒了之前一直合作良好的俄羅斯政府，故而是敵人無誤。然而，日本國內正面臨不景氣，故沒有很高的出兵意願。不過，日本還是決定，如果美國出兵，日本就跟著出兵。這是因為，日本國會最大黨政友會的總裁原敬，懷有「必須追隨美國」的信念。這和今天日本的政治很相似。

日本政府響應美國政府的提議，於一九一八年八月派出日本軍隊。最先是由小倉第十三軍團的先遣隊，經過沿海州的海參崴，進入到西伯利亞。其後，由關東都督府指揮在滿洲的軍隊，亦從滿洲里北上增援。

日本軍隊最初派遣一萬二千人，經過增員，最後總共派出七萬二千人。與美國派兵七千九百五十人、英國一千五百人、加拿大四千一百九十二人、義大利一千四百人等相比，日本派兵數量是壓倒性的多數。日本士兵的活動範圍，東自沿海州起，向西越過貝加爾湖、到外貝加爾邊疆區（Zabaykalsky Krai）的伊爾庫茨克（Irkutsk）、赤塔州（Chita Oblast），總人次達到二十二萬。

一九一九年，西伯利亞的反蘇維埃政權一沒落，對俄國革命的聯合干涉也宣告失敗。一九二〇年一月，美國宣布自西伯利亞撤軍，英法也隨之退兵。只有日本軍，在西伯利亞留到一九二二年十月。

為了幫助被俄國革命逼迫的人，美國、日本在沿海州展開援助作戰。美國由基督教會訴諸全世界，進行援助，日本也送入攜帶醫藥品的醫生。雖然日本的歷史學者無一採信，但是日本出兵西伯利亞的四年三個月期間，沒有讓當地發生飢荒，這確實是日本出兵西伯利亞的唯一貢獻。

一九一九年到一九二五年之間，在烏克蘭等蘇維埃西側地區，總計有超過一千萬的人餓死。在西伯利亞，日本與布爾什維克派協調，使食糧流通順暢，也維持治安平穩。同時，亦幫助反革命派的白俄移民逃難。加入俄羅斯帝國軍隊的將軍所成立之白軍的人們，有百分之六十都是經由西伯利亞逃出來的。另外，也有不少貴族、白俄移民逃入滿洲。

反革命派的俄羅斯人，大多不是經由治安不好的歐洲，而是經由西伯利亞和滿洲，以逃向日本和美國。一九一八年亡命到日本的逃難者，根據日本外交警察的紀錄，有七千二百五十一人。逃到日本而就此安住下來的人也不少，像是三〇至五〇年代日本職棒名將史塔芬（Victor Starffin，日本名「須田博」）、大相撲選手大鵬幸喜的父親（烏克蘭人，與日本女性結婚），或是以製作高級巧克力聞名的摩洛索夫（Morozoff）。

即使沒有來到日本，若是能逃到哈爾濱，因為那裡有鐵路可以聯外交通，也能讓人安心。滿洲國建國之際，哈爾濱有許多白俄移民和猶太人，就是在俄國革命時逃過來的。

戰後雖出現「日本為了獲取利權而積極向西伯利亞出兵」的論調，但若是日本有那種程度的積極性，事情應該會更順利推展吧。日本之所以到最後都沒有撤出西伯利亞，正是因為不是為了特定目的出兵，就算要撤回國，要是沒拿出什麼成果也不好回去。日本軍滯留當地，不過就是為了讓領導層不背負責任，才維持滯留狀態。如果日本有意奪取西伯利亞，應該會採取更好的作法才對。我認為，日本的西伯利亞出兵，和今天聯合國出兵阿富汗的意圖是很接近的。

成吉思汗是源義經!?

日本軍隊前往的西伯利亞南部，是成吉思汗的祖先出身之地。這個地方今天已經是俄羅斯的布里亞特共和國，布里亞特人為蒙古族的一支。當時，小谷部全一郎受日本軍保護而從事當地調查，他在日本軍隊退出西伯利亞地區後的一九二四年，出版了《成吉思汗是源義經》一書，成為暢銷作品。

「成吉思汗＝源義經」一說，原本起自伊藤博文的女婿末松謙澄留學於英國劍橋大學時，在倫敦以英語出版的作品。讀了此書的日文譯本而大為感動的小谷部，首先將源義經可能出現的地點全部調查過，從日本國內一直到蝦夷地（今北海道），並在一九二〇年前往駐有日本軍隊的大陸地區。

小谷部經過海參崴、尼古爾斯克，探訪中國領地齊齊哈爾、以及墨爾根附近的成吉思汗遺跡，再翻越大興安嶺而到滿洲里，從那裡進入俄羅斯領地西伯利亞。他經過鄂嫩河到達赤塔，調查了藏傳佛教的阿金斯基喇嘛廟（Aginsky datsan）等地點。

小谷部氏在書中向讀者敘述他的西伯利亞見聞，並基於「成吉思汗的長相近似日本人」、「蒙古部族王儲頭銜 taisha 和日文『大将』（讀音 taishou，即中文「大將」之意）音近」等事實，得出結論「成吉思汗即是源義經」。事實上，蒙古人長相與日本人相像，蒙古語中有許多母音，語詞順序也和日文相同，聽起來有些像日語。總之，這本書推廣了「成吉思汗即義經」的傳說。

原本小谷部氏寫作此書之意，即是證明如果源義經後來變成蒙古人，那麼日本人前進西伯利亞之地也就變得合理。就像俄羅斯認可日本的南滿洲利權一樣，出兵到西伯利亞的軍人，也期望著將此地納入日本勢力圈。眼見清朝、俄羅斯國家體制相繼變革，日本人的心裡，想必燃起了到大陸一展鴻圖的野心。

但是，若是沒到過大陸的人，不會明白這樣的感受，像是日本國內的政治家就無法理解。從此時起，當地軍隊和中央的陸軍首腦之間，開始出現鴻溝。

當時，外貝加爾邊疆區哥薩克首領謝苗諾夫提倡「泛蒙古主義」。他又一半血統是蒙古，因為他母親是蒙古系布里亞特人。他也是前文提過的，和在西伯利亞建立反蘇維埃政權的捷克軍隊聯手的哥薩克騎兵隊隊長。謝苗諾夫計畫在日本援助下建立「大蒙古國」，當地的日本軍隊也確實伸出了援手。從當地人來看，日本人比較有錢，對自己也不會差別待遇，軍隊紀律又好，比俄羅斯人好多了。

日本出兵西伯利亞過程中，一九一九年二月，在赤塔召開了泛蒙古國建設會議。由於有許多當地日本軍人前來參與，可以視為日本政府確實有意予以支援吧。會議中決定，將來首都置於海拉爾，派遣代表參加在凡爾賽的巴黎和會，也約定向日本借款，取得高額援助金。

然而，北蒙古（中國所謂的「外蒙古」）政府反對此事。辛亥革命後，帝俄令中華民國承認了北蒙古的獨立，但因不久後帝俄滅亡，此地又興起「將所有蒙古人團結為一」的泛蒙古運動。不過，由於以西伯利亞地區蒙古人為中心的運動受到北蒙古政府反對，日本的援助也落空，泛蒙古運動於是從內部產生分裂，一九二〇年代初期即告終結。最後，蒙古人割據各地，沒有統合，即是蒙古被蘇聯、中國、蒙古國分裂的原因。

西伯利亞出兵之功過

有一本有趣的書《初期西伯利亞出兵之研究》（井竿富雄著，九州大學出版會），是討論日本為何想對西伯利亞出兵的問題，以下略做介紹。

關於西伯利亞出兵，後藤新平宣稱，這是「為了解救俄羅斯革命後陷入窮困境地的俄國國民，日本軍以救世軍身分前往幫助該國國民之事業」。他不是一個會玩弄權謀的人，雖然有時會說大話，但對事總是很認真的。後藤氏發表了演說，主張日本軍基於「新式四海兄弟主義」而以「新式救世軍」的身分前往西伯利亞。由於此次出兵，是要救助俄國國民，故而完全不發表任何支持、敵視特定政權的發言，也不談論日本國家的利益。

當時全世界對西伯利亞的想法，也就像後藤所想的一樣吧⑱。

一九一八年八月，日本設立了西伯利亞臨時經濟援助委員會。然而，最初設定的救濟目標，逐步崩壞了。身為陸軍軍人的首相寺內正毅，瞭解到只有陸軍的話無法成事，還需要和政府通力合作。原敬繼任首相後，日本派陸軍前進西伯利亞一事，就不只是為了幫助俄羅斯國民，亦是日本國家對國際所施行之善舉。

由於西伯利亞地近日本勢力範圍的滿洲，日本其實不太願意讓美國也一起往西伯利亞派出軍隊。但是，也不能直接抱怨，故而日美兩國互為牽制，一同向西伯利亞出兵。

原先出兵西伯利亞，是為了前文所述的「救援捷克軍隊」、「解救俄羅斯國民」等大義凜然的理由。然而，救援捷克軍隊失敗後，日本軍隊想著：既然好不容易都出兵了，不如趁著歐洲內亂之際建立泛蒙古主義的西伯利亞政府，是以援助謝苗諾夫。就這樣，逐漸背離原先出兵西伯利亞的意義。

在日本，第十二師團從小倉出兵時，正值米騷動之前[19]，孩子們揮舞日之丸國旗，老人們邊說「辛苦了，請平安無事回來」邊握手，許多人來送行。

但是，福岡縣在那之後就發生米騷動，在門司市甚至出動了軍隊鎮壓暴動。米騷動之後，來為士兵送行的人就減少，不過軍隊還是按照既定方針往西伯利亞出兵。然後，一步步地發展出微妙的理論，諸如「滿洲在地理上與資源寶庫西伯利亞接壤，為了不讓美國人奪取西伯利亞的資源，日本軍要加油」等，產生對美國西伯利亞政策的競爭心態。

日本國內對於出兵西伯利亞也有很大的爭議。第一次世界大戰期間，在俄國革命發生之前的一九一六年，德富蘇峰出版了《大正青年與帝國前途》一書。他在書中談論對日本現狀的危機感，其中的出兵推進論調饒富興味。

「綜觀日本全國情勢，儘管我國周邊正發生世界級大規模戰爭，深陷生死掙扎的苦痛，只有我國國民幸能遠離戰火中心，而處於『國民安心期』、『國民酣睡期』。這些國民缺乏實力，一心自鳴得意；缺乏努力，一心貪求慾望。他們忘記這個世界還有其他人，只顧著自命不凡。若是繼續這樣下去，等到世界大戰終結之後，遭禍的必然是這些缺乏警戒心的國民。我們實應以此為戒，時時不斷引以為憂。」（引用自《初期西伯利亞出兵之研究》一九九頁，我將其中幾處改為現代字詞用法）

也就是說，當世界上正發生第一次世界大戰時，日本人卻幾乎沒有體驗到戰爭的殘酷，而只沉醉於戰爭景氣的繁榮。前述引文即是說明，日本國民在大戰結束後可能面臨政治、經濟危機。作者蘇峰從對第一次世界大戰參戰國日本現狀的危機感，主張出兵西伯利亞，幫助俄羅斯。

各位，不覺得這跟今日景況非常相似嗎？日本人只顧安居在自己的天地，一味考慮如何不吃虧，這是很不好的。我想，日本若是不盡到世界一分子的責任，再這樣下去將變得一無是處。

就在日本軍隊陷入進退維谷境況的一九二一年，《讀賣新聞》刊登了〈西伯利亞出兵總檢討對軍人集團功過的批判〉一文，文中對於軍人集團此般煽動之舉的過錯，大加撻伐。

「我國自參加大戰以來，究竟做出多少貢獻？即便攻略青島、在東洋和南洋海上參加對德作戰，但若和英、法、義諸國的努力相比，不過是九年一毛。這麼一來，我國代表將來是否能參與和平會議，也是未定之天。即使有幸參列其中，恐怕亦是無法得到發言權。果真是這樣的話，那麼，就算是作為確保將來發言權的手段也好，何不就趁著此際英法的慫恿，斷然決定出兵呢？」（引用自《初期西伯利亞出兵之研究》一〇五頁）

簡直和今日日本景況一模一樣，國民性這種東西果然是不會改變的。

在這樣的推進論調中，日本對西伯利亞出兵了。原本日本是因應無餘力將多數兵力送至西伯利亞的英法的要求，而以世界一分子的態度投入戰事的，結果，卻被歐洲諸國操弄成唯一有錯的惡人。

歐洲人原本就不信任亞洲人，他們的種族歧視觀念根深蒂固。日本即使成為「名譽白人」，卻終究不是白種人。日本人從明治時代以來，就一直努力表現出接近白種人的樣子，致力於跟他們看起來別無二致。為了從不平等條約中解放出來，日本一一滿足了歐美提出的條件。

相對於此，中國的對應從最近發生的暴動、恐怖行動也看得出來，就只是一味地吵著「不要、不要」，並不像日本一樣付出努力。

二十世紀由南方北上的北滿洲農民

滿洲國建國的土地，東邊三分之二是原本的滿洲，西邊三分之一是清朝時代的蒙古草原。蒙古人大多是在草原上過著游牧生活，東邊三分之二的平原和森林是滿洲人的土地。

如同前述，滿洲旗人並不是自行耕種旗地，而是引進農民耕作。最早是由來自南方的、打破封禁進入滿洲的山東半島農民耕作土地。直到十九世紀為止，農民進入的地區，最遠只到遼東半島的瀋陽、遼陽等地，北方仍是人煙罕至的荒地。

十九世紀，獲得遼東半島的俄羅斯為了建設鐵路，規劃更往內陸墾荒。又，清朝在一九〇〇年因義和團事件而需付出龐大賠償費之後，遂一改早期的限制政策，開始獎勵漢人農民移居滿洲，農民於是陸續由滿洲南方北上墾荒。當時中國人口已逼近四億人，一方面未持有土地的貧窮農民大增，需要移民來解決；另一方面也為了向農民徵稅，才積極地推動漢人進入滿洲。到了一九三〇年代日本人開拓者進入之際，漢人農民已經入墾到滿洲和蘇聯國界的邊境一帶。

滿洲需要勞動者的另一個理由，即是俄羅斯建設東清鐵路的需求。東清鐵路建設的背景，即如《這才是真實的中國史》所談的一般，俄羅斯為了建設鐵路需要而引入漢人勞動者。當中，也有出外打工的日本人。由於日本人大多識字，因此較多擔任線路工程監督職務，也有許多日本女性來到滿洲。石光真清的著作指出，有些日本女性就這樣成為馬賊的妻子。

前文也提到過，將支付日薪的勞動者稱作「苦力」，原本是英國人帶入的詞彙。這個詞彙原來是印度坦米爾語「工資」（kuli），後來變成英語中的「苦力」（coolie）一詞，再音譯為中文並寫成漢字「苦力」。進入滿洲打工的勞動者全部稱為苦力，但不是奴隸的意思。俄羅斯人為了建設鐵路而引入大量勞動力，鐵路建好後，只給中國人搭車優惠。這是為了讓越來越多漢人農民北上墾拓之故。亦即，俄國人為了建設東清鐵路，而將南方農民引入北方內陸。

戰後流傳著日本人搶奪當地人土地的說法，但是，那些所謂的當地人，也不過是比日本人早一世代、即大概早幾十年進入當地的人罷了。

滿洲國建國前的日本人

如同前一章所述，一九〇六年滿鐵設立時，是半官半民的公司。當時，滿鐵經營著自長春郊外至大連的鐵路，以及日俄戰爭中為運送物資而建的、通行於安東至奉天之間的安奉線輕便鐵路。安奉線是像今天日本的箱根登山鐵路一樣的細鐵路，安東即是今日的丹東。過去為了討厭飛機的北韓金正日要到中國，這條鐵路線常有火車通行。而滿洲全土都鋪設鐵路，是到滿洲國建國之後才有的事。

滿鐵建立之初，日本人的土地，只有鐵路及其周邊、車站周圍等附屬土地。滿鐵同時也經營煤礦開發、製鐵業、港口、電力供給、畜牧、旅館、航空公司等事業。更甚者，為了推動大連、奉天、長春的近代化都市計畫，也進行上下水道、電力、瓦斯、學校、醫院、圖書館等的整頓。大連汽船、大連都市交通、南滿洲電力公司、南滿洲瓦斯公司等，都是滿鐵的相關企業。

即便如此，當時在滿洲的日本人人口還是相當少。以一九一〇年代為例，包含滿鐵的職員一萬至二萬人、關東都督府三千至六千人、領事館數百人，在滿日本人全部加總也不到三萬人。

一九一五年簽訂對華二十一條要求後，日本人得以自由移動、居住於南滿洲。在此之前只能居住在鐵路附屬地，此後則是可以任意在各地租房子、從事農業或商工業活動。一九二一年，在滿日本人有十六萬六千人，一九二六年增至十九萬人。其中，滿鐵職員及其家人有六萬八千人、關東廳二萬二千人，加起來將近十萬人。也就是說，在滿日本人有一半都是國家公務員，是向日本國家領薪水過活的。二十一條要求簽訂之後，在滿朝鮮人也增多，在滿日本人中，公務員人口以外的其他一半裡，有部分即是朝鮮人，但因他們的國籍變為日本，故而難以統計。

由於日本人不是能獨自進入內陸好好生活的頑強之人，是故，在滿洲事變以前，都只居住在有日本國家力量保護的地方。雖然有一些人到租借地之外的地方活動，像是到奉天市內從事商業貿易，但因無法擁有土地，而多是租屋過日。

滿鐵當時也沒有太多支線，只在附屬地的市街周邊建造醫院等項。關於移民，則是以國家政策來推行，這是由於從第一代滿鐵總裁後藤新平那時起，就抱持「若要經營滿洲，日本人不到滿洲居住是不行的」的想法。不過，日本人還是不太願意到滿洲。

一九三二年，滿洲國建立時的總人口有三千四百萬人，當中漢人佔百分之八十三，滿洲人與蒙古人合計佔百分之十五（滿、蒙各佔多少則不明），日本人和朝鮮人則合計佔百分之二。百分之二即是六十八萬人左右。根據其他統計，一九三二年當時，日本人在中國的人口，包含關東州在內也不過只有二十四萬人。考慮及此，可以說移居到滿洲的是大量朝鮮農民。

從一九三二年到十三年後的一九四五年終戰之際，滿洲國有一百五十五萬日本人。滿洲國建國之後，日本推行日本人移居滿洲的國家政策，共移居一百三十萬人到滿洲。由於漢人農民已移住滿洲較便利的區域，故日本人被送到蘇聯國界附近的內陸地帶，他們在日本敗戰時遭受了殘酷對待。

俄羅斯革命是一切的元凶

一九一七年的俄羅斯革命，影響了一九二二年蘇維埃社會主義共和國聯邦的建立。蘇聯最初是以實現國際共產主義為最終目的，故而將中國共產化是很重要的任務。比起對北滿洲的領土野心，蘇聯更重視中國的共產化。

布爾什維克派的革命分子，為了實現世界同時革命及中國的共產化，一開始是以蒙古為棋子。他們甚至打算，中國革命成功之際，將蒙古雙手奉予中國也無妨。又，由於共產國際敵視日本，它們除了計畫培養中國人為革命派，以反對日本，同時也煽動朝鮮嫌惡日本。

一九一九年，蘇聯發布《加拉罕宣言》⑳，披露日俄戰後日本和俄國間關於劃分滿洲、蒙古勢力範圍的秘密協定，而令此前的日本、俄羅斯協定失去效用。其目的，即在於對世界展示日本的邪惡面目，這對日本而言猶如晴天霹靂。蘇聯謊稱「我們是中國的夥伴」，而將中國納入己方陣營，實際上是要一口氣讓中國人與蘇聯革命派組成統一陣線。

即使是別國領土的滿洲，蘇聯也用做和中國交易的籌碼。對蘇聯而言，將日本勢力逐出滿洲，並認可中國對滿洲屬於自己的說法，對自己是比較有利的。畏懼日本的史達林，選擇的方法是將滿洲當作禮物，獻給中國（雖說滿洲本來也不屬於蘇聯），並聯合中國驅逐日本勢力。雖說是後話，不過，後來落入蘇聯計算的，就是張學良。

在各國自西伯利亞撤退，只有日本留下的時期中，蘇聯在此地建立了遠東共和國。接著，蘇聯以這個共和國的成立為藉口，將日本趕走。之後，又很快地把遠東共和國吸收為蘇維埃聯邦一部分。

再者，關東軍的建立，也是受到俄羅斯革命的影響。俄羅斯革命後的一九一九年，關東軍在出兵西伯利亞過程中獨立了。究其經緯，一九〇六年，日本在俄羅斯讓予的關東州成立了關東都督府。都督府除了管轄關東州，也掌握鐵路附屬地的行政和司法權。為了保護鐵路線路，擁有監督的權限，故備有鐵路守備隊（關東軍前身）。

一九一九年，以實現世界同時革命為目標的共產國際成立。由於美國總統威爾遜提倡民族自決，亞洲各地興起激烈的民族運動，例如朝鮮的三一運動、中國的五四運動。關東都督府無法獨力應付這樣民族運動高漲的情勢，於是軍事部門的關東軍，和民政部門的關東廳分離，獨立成軍隊。

孫文的共產化與轉向反日

如同前述，在俄羅斯革命中採取反日路線的蘇聯，將此前的日俄秘密協定暴露出來，是為了推進中國的共產化。但是，中國什麼組織都沒有，連能推動共產化的工廠勞動者也沒有。有鑑於此，共產國際認為，比起強化中國共產黨，倒不如先將國民黨共產化還比較合適。

於是，共產國際開始接觸孫文。辛亥革命後，孫文將臨時大總統之位讓給袁世凱，自己亡命日本。到了此時也開始被日本人所厭煩，逐漸失去援助。沒有資金的孫文遂和共產黨合作，開啟了一九二四年國共合作。

在此之前，中華民國學習日本明治維新，而推動近代化。但經過共產國際煽動民族主義後，一九一九年興起五四運動，中國也變得反日。在俄羅斯操縱下背叛日本的中國，亦在滿洲發起恢復國權運動。也就是說，「滿洲屬於中國」的論調的出現，是一九一九年中國開始共產化、變得反日後才開始的。

如同俄羅斯變為蘇聯後就無視一切過去一般，以蘇聯當後盾的中國，也將過往人際關係、國際關係、條約等盡數毀棄。前一王朝清朝決定的事情也就罷了，連對袁世凱決定的二十一條要求，也背棄了約定，興起反對運動。

由於現在日本的歷史，寫的都是中國主張的史觀，日本就被寫成「建造滿鐵之時，就打算將南滿洲全部納為領土」、「一開始關東軍就有錯」等等，但那些並非事實。日本和中國在滿洲的關係，以一九一九年為期，完全地改變了。

從日本的立場來看，突然被要求放棄至今為止投資的一切，是很困擾的。好不容易投資才開始出現成果之際，被要求放下一切而離開的話，斷然不會欣然應允的吧。故而，日本以滿洲是日俄戰爭「耗費十萬人命、二十億國幣」所得來的正統權益為由，而和中國對立。

關東軍為了跟共產國際、中國民族主義對抗，一九一九年的獨立成軍也是勢在必行。一九一九年這一年，可說是世界歷史上諸多事件更動頻繁的年分，此前此後的因果關係完全轉變。最近也有一部分人將十五年戰爭[21]說為「日中三十年戰爭」[22]，如此混為一談，實在令人頭痛。

就這樣，滿洲的命運因俄羅斯革命而改變。

如今，將歷史視為政治宣傳或幻想的中國、朝鮮，無視了因果關係，而將日本塑造為惡人，日本學者對此亦全盤接受。但是，歷史的工作，其實應該是要好好地一一闡明因果關係的。

滿洲國的建國，到頭來是由於俄羅斯革命派煽動中國民族主義的原因。因為中國人開始高喊「日本人從滿洲滾出去」，日本人眼見長久從事經濟投資的成果有危險，為了不讓投資白費而推動建國。由此來看，整件事的發端，甚至可以上溯到日本得到遼東半島的日清戰爭時期，這也就是本書為何從一八九四年開始談起的源由。

凡爾賽條約

由於俄羅斯革命之後的世界情勢，才真正和滿洲國建國直接相關，是以必須概觀第一次世界大戰後的世界和日本情勢。我自己並不熟悉歐美歷史，以下參考年輕博學的朋友倉山滿氏的分析。詳細可見他的專著《總圖解容易理解的日本近現代史》（新人物往來社）和《充滿謊言的日美近現代史》（扶桑社）。

一九一八年德國投降後，第一次世界大戰宣告終結。為了討論在戰後如何恢復崩壞的秩序，翌年一月，由英、法、美、義、日五大國在巴黎召開談和會議。這時的日本首相原敬，徹底地實行對美合作方針。在這個巴黎和會中，美國總統威爾遜標榜理想主義，提出了著名的十四點和平原則，主要內容包括「廢止秘密外交」、「航海自由」、「民族自決」和「建立巴爾幹半島與中東之新秩序」。

各位可能會覺得，乍看之下沒有什麼問題。不過，第一項「廢止秘密外交」的用意，是英、法、義、日撤銷大戰中締結的條約，遵從美國要求而從頭開始談起。

第二項「航海自由」，意為美國無視大英帝國支配七海的地盤，推動自由航海，同時也是對作為海軍大國的日本下挑戰書。第一次大戰中，防守著自加拿大至地中海的廣大區域的，是日本帝國海軍。日本在巴黎和會的全權代表西園寺公望和牧野伸顯，視此為「白種人的內訌」而採取不干預政策，後來被揶揄為「沉默的參加者」。

第三項「民族自決」，正是日本統治下朝鮮的三一運動、中華民國五四運動等反日運動的思想根源，可說是反日的威爾遜之有意煽動。全世界唯獨威爾遜主張給予中國平等機會，不只聽取歐洲大國的意見，也聽取中國的意見。由此得到勇氣的中華民族主義者，開始挑釁日本、英國等國。

第四項「建立巴爾幹半島與中東之新秩序」，是將哈布斯堡王朝一分為八，並抹殺鄂圖曼土耳其帝國。當時這兩個帝國總共獨立分出二十多個國家，現在此區域則有五十多個國家。

威爾遜在東亞實行徹底的反日政策，而對俄羅斯革命採取寬容態度。對於日本出兵西伯利亞干涉戰爭之舉，強加以不合理的限制，如對兵力設限等等。倉山氏指出，經由暴力革命誕生的蘇聯，之所以能成功生存，是由於威爾遜對列寧在外交上的側面支持。

威爾遜的主張，不只是對大英帝國海洋霸權的挑戰，也全盤否定了英、法、日在對德勝利後，共同討論的戰後秩序。更甚者，日本在全世界首度提倡廢除人種歧視的主張，在會議上不是以多數決、而是必須取得全體一致同意，就這樣在威爾遜議長的獨斷下被葬送。就連威爾遜為了根絕戰爭、世界和平而設立的國際聯盟，最後美國自己也沒有參加。真是搞不懂到現在還追捧威爾遜、孫文等人的日本人，到底在想什麼。

英美兩國在華盛頓會議聯手的影響

對日本而言，華盛頓會議造成了更大的問題。一九二一年至一九二二年舉行的華盛頓會議，締結了《四國公約》、《九國公約》、《五國公約》三項條約。這些條約造成往後亞洲和太平洋秩序的不安定。

日、美、英、法的《四國公約》，是恐懼日英夾擊的美國要廢止日英同盟的條約，沒有明確內容。美國對受迫於要支付第一次世界大戰軍費的英國施壓，由英國自己提出終止日英同盟，採取對外合作路線的全權委員幣原喜重郎，竟然也照單全收。此事引起了日本輿論的批判，不過不是對美國，而是對英國。

簽訂《九國公約》的，除了日、美、英、法、義五國之外，還加入比利時、荷蘭、葡萄牙和中華民國。這個條約的內容是：握有對中國大陸利益的八個國家，認可中華民國為主權國家。

原本所謂的國際條約，是由對等的主權國家彼此締結的。然而，此際中華民國正處內亂狀態，政府沒有遵守與外國約定的（條約遵守）能力。空有廣袤領土、卻無主權政府的中國應當如何，成為一個問題。在這個時間點上，中華民國尚未被認定為主權國家，因而要做為條約主體是很奇怪的。這可以說是「八個國家加一個區域」的條約。

代表中華民國出席華盛頓會議的，是孫文的廣東軍政府。孫文雖未統治整個中華民國，卻由於擔任國民黨代表，而成為中華民國對外國的代表。一九二二年蘇聯成立，不過在此前一年的一九二一年，共產國際已經將觸手伸往中國，派遣馬林與孫文見面。由於蘇聯並未參加華盛頓會議，故而不受《九國公約》規範。就只有原來對中華民國最為利害相關的日本，被置於遭受各國批判的立場。

另一方面，在日本歷史中，最被重視的是美、英、日、法、義五國所簽訂之《五國公約》，主要目的是限制海軍主力戰艦，將各國從建艦競爭中給解放出來。日本、美國關於海軍軍備縮減的主要爭論點，是美國主張「日本軍力不削減至我國的六成的話，我國無法安心」，日本則爭論「不保持美國兵力七成的話，無法保護國家」。美國的交涉前提，是「日本和美國若在同一條件下開戰，日本將會勝利」，亦即把日本當作了不起的對手。

根據倉山氏的研究，華盛頓會議真正重要的地方，其實不是「日美交涉」或「日本對英美交涉」，而是「英美交涉」。當時英、美、日主力戰艦比率為「十：十：六」，對英國而言，跟過去的殖民地美國處於並列地位相當屈辱。十九世紀的大英帝國，其國家政策是：英國海軍的數量，要保持在世界第二大、第三大海軍國家相加綜合的數目。更甚者，做為借款證據的日英同盟遭到剝奪，英國也因此得罪了日本人。對英國來說，華盛頓會議簡直是惡夢。

舊霸權國的英國警戒著新興大國美國，美國將對日本的畏懼轉為刁難，日本則對英國抱持怨懟。也就是說，所謂的華盛頓體制，即是太平洋的三個大國日本、英國、美國各自孤立，而無法共同應對暗中活動的蘇聯、即動盪的中國大陸。同時，華盛頓會議亦是英國霸權凋零的會議。

蘇聯的活動與孫文

華盛頓會議後，日英美三強同盟消失、三大國各自孤立的時局，對蘇聯非常有利。日本從此時起至滿洲事變為止的十年間，外交路線的主軸是「幣原外交」，亦即與包括中國在內的各國維持良好關係，不再開戰。對蘇聯來說，這樣的和平狀態是非常方便其推行共產化的。

這段期間，蘇聯從內戰狀態中重振旗鼓，雖然苟延殘喘、還是勉強生存下來。因為這樣，後來聚集在近衛文麿身邊的右派分子，都罵幣原喜重郎為「賣國賊」。就連近衛自己，也認為幣原是賣國賊沒錯。

近衛文麿的周圍，既有共產國際分子，也有偽裝的右派和真正的右派，成員複雜得無法分辨。我不喜歡「右派」、「左派」這樣的說法，不過，這些人確實是自稱右派的。他們雖然自稱右派，做的事卻像左派，也就是說，日本的右派其實是左派。

對共產國際而言，重點並不是俄羅斯革命，或是威爾遜，國際共產主義運動是第一順位，接著才是民族主義。此時，中國終於初次認識到「外國人」、「中國人」這樣的想法，從而興起民族自決運動，提倡了「民族應該建立自己的國家」。像是俄羅斯便以此主張「滿洲屬於中國」。於是，中國人開始高喊「日本人滾出滿洲」，雙方開始產生摩擦。

在華盛頓會議前後，煽動這個想法的始祖是孫文。孫文一開始接受日本援助，宣稱要推動中國近代化，認真的日本人於是努力在背後予以支援。不過，孫文的做事方法不好，卻滿口大話，被自己的革命同志所疏遠，也沒有自己的軍隊。吹牛吹過頭，到最後卻什麼也沒做到，日本的援助也漸漸中止。就在此時，蘇聯的援助出現了。

首先，孫文被共產國際派來的馬林說服，而在一九二四年進行了「國共合作」。據此，共產黨員在維持共產黨員資格不變的前提下，加入國民黨。

孫文夫人宋慶齡，不知道是不是從這時起就是共產黨員了。如同在前書《這才是真實的中國史》也談到的，「中國共產黨」並不存在。在中國的共產黨，全都是蘇聯的分部。相對於此，二戰後德田球一、宮本顯治以降的日本共產黨，和蘇聯分開而獨自行動。中國共產黨和蘇聯有多深的關係則仍未明，畢竟不管哪一國的共產黨，都是蘇聯的分支。

因此，此後的孫文和共產黨員沒有兩樣，畢竟他的妻子很歡迎共產黨員，他也變得對蘇聯言聽計從。在《宋家皇朝》這部電影中，有一幕是宋慶齡哭喊著「真正打從心底瞭解我的理念的，就只有蘇聯了」。這應該是事實。

第一次世界大戰的影響

第一次世界大戰並非悲慘的戰爭。經過這場戰爭，近代戰爭的思考方式有了很大的改變，出現了「人員傷亡數目非常多，戰爭長期化」的總體戰概念。

不過，日本卻因戰爭榮景而大賺一筆，又被委任統治德國在南洋群島掌握的島嶼，可以說淨是遇到好事。大戰的戰場也離日本很遠，所以日本人沒有深刻認知到第一次世界大戰的實態。當中也有像石原莞爾這樣的人，體認到今後戰爭將有巨大改變。於是，滿洲對於日本實行接下來的計畫，就變得很有必要。

考慮到進行總體戰爭，日本將滿洲劃入經濟圈，再以滿洲為跳板擴大中國市場，是理所當然之事。畢竟日本和俄羅斯、清國原就簽訂過關於滿洲的條約。後續的中華民國即便感覺屈辱，袁世凱也是承認二十一條要求，而認可日本在南滿洲的利益的。日本為總體戰爭做準備，不只需要臺灣，也加入了朝鮮和南滿洲，意圖推動集團化。

張作霖為何許人物？

有名的滿洲軍閥張作霖，出生於遼寧省海城市，祖先為出身萬里長城南側河北省的漢人。他的祖父在北京北方的貧窮村落無法謀生，故而移居到長城北方進行拓墾。他的父親，據說在一場賭博中被殺死。

張作霖因為沒有受過教育，看不懂漢字。即便如此，他還是憑才能成為獸醫，因會治療馬匹，而逐漸受到認可。一九〇〇年義和團事件後，許多漢人地主來到蒙古草原，也就是後來成為張氏地盤的區域。這是由於清朝必須支付各國賠償金，而讓漢人進入萬里長城以北務農，以收取稅金。

開拓的進行，首先由具備資金的地主進入，接著則由農民繼續。開拓地區就這樣日漸擴大，不過土地還是在蒙古人的名下。對蒙古人而言，土地是天賜之物，為眾牧民共同所有。但是，想要金錢的蒙古王公和領主，將共有地私自租給漢人墾耕。

在草原上飼養家畜的游牧民族，需要廣闊的土地。夏天將家畜帶往涼爽山地放牧，冬天則回到事先決定好的冬日營地。天氣轉寒時，游牧民回到有水源、溫暖的冬日營地後，發現草地被圍起柵欄、變成旱田。所以，游牧民當然想要取回這些被擅自租給漢人的土地。但是，從租借土地的漢人來看，這樣的行動就像馬賊的突襲。於是，開拓農地的漢人地主，為了自衛而雇用保衛隊。保衛隊一方面受雇於保護特定區域，另一方面也像其他馬賊一樣，襲擊沒有雇用防衛的土地。

張作霖在日清戰爭時期從軍，戰後留在軍中，跟隨者日眾，後來成為帶領保衛隊的馬賊。他一邊承包保衛隊業務，一邊親近地主豪族，和地主的女兒結婚，逐漸出人頭地。

張作霖的地盤，是滿鐵西側、清朝時代屬於蒙古草原的區域。滿鐵東側是原來的滿洲。滿鐵則奔馳於滿蒙地區正中央。然而，滿蒙之間並非日本人所設想的清晰無誤的國境。粗略地說，「雨下得多的地方是滿洲，下得少的地方是蒙古。」不像日本國內縣與縣之間劃分的界線。

成吉思汗時代，蒙古人征服了滿洲地區。等到滿洲出身的清強大起來，反過來征服了蒙古。滿洲、蒙古互相往來頻繁，兩地人民通婚也不罕見。

張作霖就此盤據滿洲，一方面將自己的女兒嫁給知識不高、娶妻無望的蒙古領主之子，另一方面也和富有的漢人交好，勢力日漸強大。

袁世凱死後的張作霖

中華民國建國之後，滿洲一時還沒有出現軍閥勢力。後來成為奉天軍閥的張作霖，此時尚未成為真正的獨立勢力。辛亥革命之後的滿洲，和北京紫禁城一樣，假裝著清朝依然存在，清朝最後的東三省總督趙爾巽，直接被袁世凱調任為中華民國奉天都督，軍隊也照原樣維持下來。

當時中華民國實力最強的袁世凱，與張作霖在清朝時是軍隊中的上司與下屬關係。不過，做為下屬的張作霖，並沒有完全聽從袁世凱的指示。袁世凱對於張作霖的實力日增感到不快，也曾發生要派張作霖討伐蒙古、張氏卻一再推託、最後只能變更命令之事。張作霖為了存活而靈活變換姿態，順利地爬上高位。

袁世凱逝世後，他的追隨者們開始四分五裂，爭奪繼承權。張作霖對袁世凱繼任者之爭非常有野心，利用滿洲的財富到北中國地方打了幾次戰爭。只是，張氏多半是打了敗仗，回到滿洲，滿洲的人們，甚至日本人都暗自想著「你就好好待在滿洲就好了吧」。不過，張作霖依然沒有放棄打入關內（山海關內側）的想法。由於張氏出身漢人，利用在滿洲儲備的資金回到南方發跡，對他而言是很重要的事。

日本支持的，是被視為袁世凱後繼者的安徽派段祺瑞。然而，段祺瑞卻失敗了，日本在一次世界大戰中獲得的外資，也因為全數投入借給段氏的「西原借款」㉓，最後無法回收。

此時，中國國內進入軍閥割據的「戰國時代」，情勢非常混亂。段祺瑞失勢後，張作霖出頭的機會來了。這個時候就跟日本戰國時代一樣，勝利的軍閥進入北京，宣稱自己是最強實力者。背後有關東軍做後盾的張作霖，即便關東軍一再勸阻，還是表示「不打算留在滿洲這樣的鄉下地方」，而進軍北京。

從日本的立場來看，首要之務是，要讓自己在日俄戰後爭取到的利權繼續被認可，最重要的乃是和一個可靠的中國政府對談。但是，不僅所支持的段祺瑞失敗了，日本還被後續的張作霖耍弄。由此可見，關於日本在滿洲的陰謀論，亦即日本想好計畫、利用張作霖獲取滿洲利益等事，完全是不成立的。這樣的陰謀論，儼然隱喻中國人什麼都沒有思考，反而是對中國人失禮的。

由於袁世凱已然逝世，軍閥們紛紛積極活動起來。此一時期，誰和誰結盟、敵人的敵人是同伴等類似的勢力爭奪戰，簡直令人眼花撩亂，而且越演越烈。

張作霖以滿蒙為根據地，而和日本聯手，勢力日漸增強。一九一九年關東軍獨立之前，張作霖是和滿鐵互相支持、合作得很順利的。以張作霖的立場，日本是資金提供者，滿鐵的開發有進展，自己能收取的稅金也增加。從日本的角度來看，也想和以滿洲為地盤的張作霖保持良好關係。二者之間沒有發生爭執。

張作霖透過與日本往來而得到資金，用以購買武器，而在段祺瑞失勢後揮軍指向北京。此時，蔣介石的北伐迫在眉睫，其他軍閥以有日本為後盾的張作霖為首，張作霖於是成為聯合軍閥的首腦。這是張氏人生最頂峰的時刻了吧。面對以孫文後繼者蔣介石為中心的中華民族主義，日本也培養張作霖成為滿洲民族主義的象徵。

張作霖被炸身亡事件

一九二七年至一九二八年，由於蔣介石推行北伐，當時的日本首相田中義一，也以保護在中國的日本國民名義，出兵山東。日本的山東出兵，引起了「濟南事件」這樣的軍事衝突，而對蔣介石有「若是進入滿洲，日本就會像這樣認真迎戰」的牽制效果。日本同時也勸告張作霖撤回滿洲，但是，依言回歸滿洲的張作霖，卻在奉天近郊被炸身亡。

炸死張作霖，對關東軍並沒有好處。從日本的立場而言，張作霖平安無事撤回滿洲是好的，反之，他的死沒有任何加分作用。《這才是真實的中國史》一書中，介紹了加藤康男推翻「關東軍河本大作首謀說」的著作《解謎「張作霖被炸身亡事件」》（PHP新書）。加藤氏此書，也有讓謎團越加蔓延之處，例如提出張作霖的死可能和蘇聯特務機關或其子張學良有關。

向來日本歷史的通說，都認為張作霖之死是關東軍參謀河本大作的單獨犯罪。然而，這個主張有輕視外國資料的問題，田母神俊雄批判此說法而提出的「共產國際陰謀說」，亦有忽略日本資料之問題。

從「張作霖的死令誰獲益最大」來想的話，日本人是一點好處也沒有的。我認為，老是想著要讓中國人和日本人起爭執的蘇維埃，絕對很可疑。又，張作霖死後，和蔣介石聯手的張氏長子也很奇怪，看來加藤康男的說法有頗高的可靠性。

無論如何，日本人雖然不是主犯，但是這件事之所以被視為日本人所為，我想是因為日本人之中，的確有部分人信奉世界共產主義、同時革命，而這些人在這件事中參了一腳。

儘管如此，當時張作霖乘坐的火車有一節車廂是偽裝列車，而且他本人在三節連結車廂中來回走動，應該是很難被外來的炸藥炸死的吧。列車之中若是沒有和犯人相通者，此事無法成功。就算真的在列車經過的橋樑，綁上二百公斤的炸彈，還要在張作霖本人剛好在那輛車廂上的時候爆炸，未免太過不可能。

從加藤氏發現的圖表，也可以清楚看到，車廂的天花板被炸飛、鐵路線路則沒有受損，可見車廂是從內側被炸開的。很顯然地，這不是供稱在外側裝設炸彈的河本大作所為。

不過，我並沒有繼續提出證據、追究真兇的打算。透過情況分析和證據，說明誰特別可疑，說到這裡就足夠了。一方面，眼下無法立即提出實證結論；另一方面，這樣的問題，毋寧說不要太早得出結論才是正確的吧。

相對於此，當時日本一直稱張作霖被炸身亡事件為「滿洲某重大事件」，日本人也真心認為此事是關東軍所為，就這樣一直堅信不疑，才是真正嚴重的問題。

張學良其人

張作霖的長男張學良，和其父性格完全不同。他是世家子弟出身，為了打敗蔣介石而和蘇聯聯手，跟孫文一樣是個沒有信用之人。

張學良雖被稱做「新國家主義者」，卻又不是真正愛國，而只是向日本抱怨、藉著國內權力鬥爭上位，這樣不能稱作國家主義者吧。張學良住的是大豪宅，每次我讓學生看他宅邸的照片時，日本年輕人們總會驚呼「怎麼這麼豪華」。張學良嘴上喊著「為了滿洲好，日本人滾出去」，自己卻住在大豪宅裡，簡直與今日的朝鮮（北韓）無異。

一九三六年，張學良在西安綁架蔣介石，要求國共合作（西安事變），之後馬上被蔣氏軟禁，在臺灣度過很長一段時間的軟禁生活。直到蔣介石的長子蔣經國去世、進入李登輝時代，也就是一九八〇年代後半，張學良才被解除軟禁。其後，他在一九九一年、九十歲的時候移居夏威夷，二〇〇一年以百歲高齡辭世。

張學良離開臺灣之際，日本NHK主播磯村尚德曾經訪問過他，並製作為電視節目。令我印象深刻的是，他說了一句話，「沒有想到，敗戰之後，日本人全部都離開了中國。」意思是，若是換做中國人，怎麼也不會逃離自己的土地。即便國籍改變，自己還是原來的那個人，要保護自己的土地。這讓我感受到，並聯繫起戰後自虐史觀的日本人的弱點。

日本成為日本以來的一千四百年（不是二千六百年）㉔，日本人一直住在這片列島上，認為不管怎樣果然還是日本最好。這樣的想法，與其說是愛國心，不如說是愛鄉心、愛風土還比較合適。

然而，對成長於外地的人而言，就算再怎麼愛日本的風土，畢竟生長地區還是在滿洲、朝鮮、臺灣等地，對日本本土而言都是外地。戰後，出現了很多這樣的日本人，回到日本儼然像是到了外國一般。

日下公人先生常說，就算沒有憲法也無所謂。我自己是廢止憲法論者，並認為，若是沒有憲法，就能建立一個沒有束縛、更加自由的好國家。外國傳來的概念，果然還是不適合日本的。

張學良易幟的實態

張作霖死後，張學良加入蔣介石麾下，滿洲的旗幟從五色旗改為中華民國的青天白日滿地紅旗幟。根據日本的資料記載，全滿洲幾乎是在一夜之間就完成易幟。對此，日本外務省、陸軍事前毫未察覺，故而非常慌張。

日本人聽聞此事，會認為全滿洲從官署以降都完全易幟，事實卻非如此。原本張學良就沒有控制滿洲全土，在此之前的滿洲全土更沒有遍插過旗幟。真正有變化的，大概就是張學良的軍隊、火車站或熱鬧場所的旗幟改換而已。

日本人的居住區，本就限於滿鐵火車站周邊附屬地，張學良的軍隊也是駐紮於奉天市街或幾個軍隊營地，大概就是幾個據點的旗幟變換了。市街中，軍隊御用商人的店門前，可能也插有旗幟。也就是說，日本人所見之處的旗幟都變換了，農村等其他地方則彷彿置身事外。即便如此，光是市街中旗幟同時變換，就足以讓日本人感到驚訝了。

這個倒戈時就變換旗幟的作法，並非滿洲人的傳統。毋寧說這讓人聯想到秦朝滅亡後，項羽和劉邦相爭時「四面楚歌」的故事吧。

滿洲事變前的排日運動與日中懸案

加入中華民國的張學良，在之後的「國權恢復運動」中，展開了激烈的排日運動。他命令在滿鐵的鐵路路線旁，另外鋪設一條平行線路；動用武裝警察襲擊日資工廠、命其關閉；禁止挖掘礦產、破壞坑道。此外，還在滿鐵附屬地上建立柵欄，在各通行出入口設置監視所。儘管從大連運來的商品已經支付過輸入稅，張氏對從附屬地帶運出的物品，還是收取稅金。

又，張學良制訂《懲罰國賊條例》，規定：租借或販賣土地予日本人、朝鮮人者，將視為盜賣國土而嚴加懲罰。另外頒布六十多條法令，禁止土地、房屋的商業租賃，還要回收以前租借的土地、房屋。因此，到滿洲拓墾的許多朝鮮農民都被奪走土地，若有抵抗，就關入監獄。滿洲事變之後，奉天監獄就關了五百三十名朝鮮人。

滿洲事變前後，像這樣的日中懸案，共有三百七十件左右，也有一說為五百件。但是，時任外務大臣的幣原喜重郎外交態度軟弱，對於在滿洲的日本人受害，就只說「不高興的話就撤回日本」。

在滿洲的日本人糾紛，大多是變為日本國籍的朝鮮人所為。日本人只跟日本人聚居在一起，不接觸當地人。會起糾紛的，大多是朝鮮人仗著「我是日本人」，而在當地耍威風所致。滿洲人地主這時大多已經隱藏自己的滿洲人身分，也曾發生朝鮮人農民蠻橫地欺負滿洲人的事情。

誠如前述，日韓併合後，在朝鮮半島做出殘酷事情的日本人，其實全部都是改換日本姓名的朝鮮人。到那邊的日本人多半是擔任法官等要職，在其下工作的則是朝鮮人。實際上，在監獄工作的基層胥吏，都是在當地任用的。這些人多半出身社會底層，成為日本人部下、獲得權力後，就為之前受到的歧視待遇而報復同國人。更不用說，朝鮮人長期被中國人歧視，一成為日本人就要反欺回去，也是不難想像的。當時滿洲的日本人不過二十萬人，無法混入中國人之中。

滿洲事變的原因

一九三一年，關東軍引起了滿洲事變。發生滿洲事變的原因，即是中國人主張：「這裡是中國，日本人滾出去。日本是侵略，所以不予賠償。總之什麼都不帶就滾出去吧。」而日本人堅持：「沒有這回事，這樣不就是違反條約了嗎。」

九月十八日，關東軍在奉天郊外的柳條湖炸毀一段滿鐵路線，揭開總攻擊序幕。一萬零數百人的關東軍，立刻佔領了奉天、營口、安東、遼陽、長春等南滿洲主要城市，又得到獨斷越過國境的四千多名朝鮮軍增援。儘管陸軍中央、日本政府發出「不擴大事變」的指示，關東軍還是進入日本管轄地區以外的北滿洲。十一月，經過和馬占山軍激烈戰鬥，佔領了黑龍江省首府齊齊哈爾，隔年一九三二年二月又佔領哈爾濱，至此關東軍控制了東三省。

於此同時，張學良的東北軍雖然實際數目不明（從十萬以上到二十五萬、四十萬都有人傳說），可以確知其中有主力的十一萬軍隊，和張氏同在長城以南，殘留部隊則散居各地。當時人在北京的張學良，依據蔣介石的命令，命令自己的軍隊不抵抗，進行撤退。這是因為，蔣介石率領的國民黨，正集中於包圍、掃蕩共產黨的作戰，以國內統一為最優先課題。

蘇聯由於正專注於達成第一次五年計畫，即使關東軍已經佔領了齊齊哈爾、哈爾濱，依然聲明了不干涉的中立立場。更甚者，英美等國還沒有從經濟恐慌中恢復過來。因而，關東軍的軍事行動，執行地意外平順。

只是，在那之後的支那事變實在不恰當。果然就跟退出國際聯盟的心態一樣，有不少人心裡想著：「為什麼只有萬里長城北側，要忍耐著不能踏入的呢？」如果不這麼做的話，歷史可能就會不同了。

雖說如此，如果問中國換做共產黨掌權，是幸或不幸？其實是沒有變得幸福。我認為，為了中國人好，滿洲國也應該存在。美國也並不愚蠢，如果不是發生了日美太平洋戰爭，滿洲國應還能存留到今天。

發起支那事變的軍人，果然是沒有想清楚吧。這是由於國家除了官僚外沒有培養出其他人才，是教育的問題所致。如果國家不是由最高層者負起責任，國將不國。但即使是現在，也沒有誰負起責任過。

寫出《武士的家計簿》的磯田道史，在《文藝春秋》連載了〈無私的日本人〉系列文章。他指出，在江戶時代，社會上不只武士階級，連城鎮居民都會負起責任。江戶時代的教育，就是如此紮實。

李頓調查團

滿洲事變發生、滿洲國建國之後，國際聯盟派英國的李頓伯爵為代表，組成了李頓調查團。此事由在國際聯盟掌握主導權的英國作主，李頓和調查團一行人，在日本會見軍人、天皇，到中國則和蔣介石、張學良見面，聽取相關人士的說詞。

李頓身處日本和中國之間，想做出兼顧雙方的報告書。這雖然證明了英國不管說什麼，影響力都無法及於亞洲的紛爭，日中兩國卻還是對報告書的內容感到不滿。報告書指出，「日本行使武力的行為並非為了自衛，違反了不開戰條約、亦侵犯中國主權。所謂的滿洲國，也不是經過居民自發運動而建立的國家。」內容相當偏頗。

原本中華民國就沒打算自己要做些什麼，只是向國際社會控訴日本惡行。如同之前提到的，滿洲在日俄戰爭之際，還不屬於中國，中國一直到辛亥革命後才主張對滿洲的所有權。中國的說法前後不一，就是造成日中紛爭的原因，但歐洲對此卻沒有認知。在調查團的偏見中，中國是有悠久歷史、傑出文化的國家，相較之下，日本則是野蠻小國。

從以前開始，日本人就是會釐清發生事情的因果關係，徹底進行檢證。中國人則是完全由現在向前類推，過去不管實態為何，都無須過問。他們雖然嘴上說著「中國五千年的歷史」，卻完全沒有歷史意識。任誰都明白，中國並沒有遵守國際條約。日本和中國的歷史觀、世界觀根本完全不同。

南京大屠殺受害者三十萬名這樣的數字，一旦決定了，中國就不會再退讓。若是日本人，會想發掘真相，相信不斷探索真實，到最後就能得到滿意的成果。雖然和中國合開「日中歷史認識會議」，卻是無用之功。中國總是抱著「退讓的話就輸了」的心情，如果同意對手的說法，就等同是歷史罪人，只有勝利才是正確的。例如在日清戰後簽訂

《下關條約》的李鴻章，就被視為讓出臺灣的罪人。

高山正之先生說得好，「美國對於日本，雖然做過丟下原子彈等非常糟糕的事，但那不代表日本非得要憎恨美國不可。」我的看法也是一樣。並不是要和中國人吵架，只是認為既然日本、中國的看法和感覺都背道而馳，也就不必硬要讓彼此的想法相契合。

日本和中國之間世界觀的差異，橫亙著一道難以填補的鴻溝。戰後，我們這些日本人和美國的交往，是將感情和理性分開的，對於中國也有必要抽離出感情。

李頓調查團並不了解這樣的世界觀差異，所做的報告，充其量就是為國際聯盟製造不在場證明。到最後，調查團沒有發揮任何作用，只是令國際聯盟喪失權威。從日本來看，當然是希望國際聯盟能對中國採取更認真一點的行動，但因事與願違，最後就是心灰意冷，脫離了國際聯盟。

李頓報告書有多正確？

李頓報告書中指出，滿洲既無獨立運動，也沒有滿洲民族主義。對此，溥儀的家庭教師莊士敦爵士提出反對意見。相對於「滿洲是滿洲人的」民族主義，主張「滿洲已經屬於中國」的民族主義，不過是後來居上的歪理罷了。另一方面，提出「因為滿洲是清朝的故鄉，所以建立滿洲國」，或是「滿洲是清朝的後繼國家，是為後清國」，也是為了說明而創造的理論，並沒有反應真正的事實。

滿洲在捲入中華民國的爭鬥以前，自一九〇〇年被俄羅斯佔領，或是從更之前的日清戰爭時期以來，就向著和萬里長城以南地區不同的方向發展。若是被南邊的中華民國合併，一切都會受到掠奪，於是，就算只有滿洲，也要建國。

對於這些事，李頓報告書並未做出結論。報告書只說「雖然滿洲獨立運動是謊言，但滿洲和南方中華民國並不相同」，以曖昧語氣迴避了責任。

滿洲國大部分都不是只居住滿洲人的土地，而是因著之前的歷史，住著許多種族。這裡並不只有五族，而有許多民族，但是之後卻變成「因為漢人佔壓倒性多數，所以這是漢人的土地」。中國想要硬推「人數多的一方就有權利」的主張，但是，進入滿洲的漢人真的有正統統治權嗎？到現在，全世界的學者依然把問題窄化為滿漢問題，這樣的看法是有疑義的。

此外，李頓報告書提及滿洲人的民族主義，卻也只是將歐洲的理論硬套用在亞洲上。也就是說，用是否以集團自主地發起運動、爭取自己的自立或獨立，來決定是否認可其主權，這是大錯特錯的理論。本來談到民族主義，就已經游離於現實。滿洲人的自我認同，在辛亥革命後幾乎消失殆盡。就算是這樣，要說滿洲因此就變成漢族土地的話，又是另外一回事了。

日本退出國際聯盟

國際聯盟以李頓調查團的報告否定了滿洲國的存在，日本於是退出國際聯盟。由於美國和蘇聯的缺席，「國際聯盟」原本就空有名號，對於亞洲、新興地區的紛爭也毫無影響力，實際上只是個親善聯盟罷了。為了避免落入結果論，我盡量不去寫「當時要是這樣做就好了」之類的內容。但是，即使那時日本留在國際聯盟中，也解決不了任何事情。

那個時候，日本人都為退出國際聯盟拍手喝采。大家都認為，國際聯盟無法壓制中國，完全沒有作用。國際聯盟若是沒有掌握軍隊，就沒有辦法進行仲裁。實際在幫忙解決歐洲紛爭，例如常任理事國的英國、法國、義大利與一戰戰敗國德國之間的問題的，反而只有非當事人的日本。

美國等國，自己提倡了國際聯盟，卻沒有參與。反之，卻還對日本的滿洲事變等等事意見頻仍。對於滿洲國的問題，在聽取日中兩國各自的說詞後，也只接受中國試圖動員國際聯盟的政治宣傳，對日本一點幫助也沒有。

日本脫離國際聯盟最重要的理由，即是該聯盟對人權條例的無視。過去，日本在國際聯盟曾經提出「廢除歧視人種」的提案，卻沒有被接納。以日本來看，就算跟那樣的組織友善往來，也對國家無益。我認為，日本脫離國際聯盟之舉，按理而言，是在所難免之事。原本日本就是受到孤立的，脫離了也沒有更糟糕。

然而，即便滿洲國未受承認，日本也不見得有必要脫離國際聯盟。能夠解決歐洲紛爭的日本退出國際聯盟，對雙方而言都是不幸的事。

走出會議會場的外交官松岡洋右，本身其實是反對退出的。強烈主張退出國際聯盟的，是齋藤實內閣的外交大臣內田康哉。齋藤實內閣由於在議會並未佔多數席次，故而無法應對日漸猛烈的輿論批判，但是對看過李頓報告書、卻仍未報導真實的日本媒體，感到非常激怒。

我也認為，不管是對當時的一般人，或是對後來的日本人，當時的日本媒體都要負很大的責任。但是直到現在，媒體都沒有負起責任過。又，雖然在國際上輿論很重要，但是多數決的民主主義大致上都走向錯誤方向，原因即是優秀人才是少數。煽動卑劣情緒的共產主義，於是利用群眾力量壓倒優秀的人們。最近我開始想，所謂的多數決，就是任憑惡劣感情爆衝的機制吧。媒體責任是很大沒錯，然而，大眾也不應該對不懂的事指手劃腳才對。

日俄戰爭之後，日本人應該變得再狡猾一些才是。教科書中將退出國際聯盟這樣的大事件，教得好像是戰爭的轉折、日本戰敗的開端一樣。但是，這是從結果找原因，只是為了教學方便。其實國際聯盟對日本並沒有用處，若說「退出國際聯盟是日本滅亡之始」，那是大錯特錯的。無論是在這個時候退出，或是在哪個時候退出，抑或是留在國際聯盟，都有可能發展成開戰。想開戰的是美國，而非日本，又因為日本不擅長在國際上提出問題、進行溝通，只要美國有意願，日本是無法迴避戰爭的。只要看看現在的美國是什麼樣子，這件事就一目瞭然了。不管是什麼形式的歷史，會不會發展成戰爭是一回事，但美國是只要想做的事就一定會去做。故而到最後，日本就和美國發生戰爭了。

其實，真正的問題在於，美國為什麼如此敵視日本，想和日本開戰？我想，這是因為美國將日本視為競爭對手。美國要是和日本好好相處，對全世界也是好事一樁。畢竟日本不過度榨取資源，不做惡劣之事，言必守信，能遵守條約。但是，即便是這樣，美國依然想取得霸權。

二次世界大戰中，美國過於想擊倒日本，以致影響到後續在朝鮮半島、越南也不得不開啟戰端。若是日本保持些許力量，就能為維持朝鮮半島和平多少出些力。就是因為美國花太多力氣擊倒日本，後來在朝鮮半島才會戰鬥得如此辛苦。中國的共產化、蘇聯的勢力壯大，也是基於同樣的原因。要是美國和日本的關係好一點，說不定戰後就不會出現冷戰體制了。

雖說如此，但若美國的既定路線就是兩極化，那麼日本不管政治上多努力，軍事面終究敵不過美國。包含國際聯盟後來變成聯合國之事在內，無論這個世界上政治家為和平做多少溝通，最後還是軍事力量決定一切。想想，中國的歷史就是殷鑑。

為什麼當時世界有三分之一國家承認滿洲國？

對滿洲國的承認，雖然在國際聯盟以四十二比一遭到壓倒性否決，但是其實，滿洲國受到當時世界上六十多國中的二十個國家承認。一九三四年四月，羅馬教廷承認滿洲帝國，之後義大利、西班牙、德國也陸續予以承認。結果有二十個國家正式承認滿洲國，三個國家給予「事實上承認」。即便是建國以來就和滿洲有邊界糾紛的蘇聯，也給予「事實上承認」。現在平心而論，對滿洲國興師問罪問罪是很奇怪的。從當時世界的狀況來說，滿洲國並沒有做什麼出格之事。

那時，蒙古人民共和國是蘇聯的傀儡，只有蘇聯一國予以承認，滿洲國還比蒙古的狀況好一些。日本為了重視當地、守護那片土地，除了將滿洲國收為保護國之外，別無他法。當時住在滿洲的漢人，絕對不會樂於和蔣介石站在同一國。

與此相同的是，蒙古人民共和國絕對不想受到北京政權支配。當地人厭惡漢族擾亂清朝領土之舉，俄羅斯於是將蒙古切出中華民國之外，收作保護國。接著，日本為了保護長期投資的土地，建立滿洲國，進佔滿洲。以當時世界潮流而言，實在是沒有其他辦法了吧。

不過，外務省並未向歐美說明上述經過。明明派人前往歐洲，卻沒有完成說明的責任，是很大的問題。現在也一樣，日本政府不懂外交事務。

而且，日本對當地進行了很好的治理，維持治安、耕種農產，生產量逐漸上升，從不做有損當地的事。相對地，共產黨則是破壞城鎮、殺死居民。事實上，蔣介石並不想與日本為敵。當時他最重視的是剷除共產黨，滿洲根本不是要務。

蔣介石其實只是要面子。他雖然對日本頗有怨言，卻立即和滿洲國訂立通關協定，郵務也能相通。即便沒有公開表示，實際上卻是承認滿洲國的。他可能還打算，若是有機會，之後能接手日本人在滿洲的開墾成果。對蔣介石來說，那是最好的狀況，所以沒有和日本起什麼衝突。日本人對這些事情，也未免太過不瞭解了。

日本強大的只有軍事能力，畢竟在滿洲事變時，連蘇聯、美國都忌憚日本軍隊而沒有接戰。即便如此，日本還是戰敗，只能說真的是情報工作不如人。

在滿洲的滿洲人曾說，「日本真是可惜了。明明軍事能力這麼強大、如此傑出，還是輸了。」果然，當地人也是這麼看的。

第三章
滿洲國建國、崩壞以及其後

滿洲國建國宣言

第三章自滿洲國建國起，談到終戰後的西伯利亞扣留、中國國共內戰等事，也會探討與蘇聯等國的國際關係。

滿洲事變五個月後的一九三二年二月，張景惠、臧式毅、熙洽、馬占山四巨頭齊聚奉天，組織了東北行政委員會。接著，三月一日，另外幾人如熱河省湯玉麟、內蒙古哲里木盟盟長齊默特色木丕勒、呼倫貝爾副都統凌陞也參加該會，一同發布了滿洲國的建國宣言。

以下簡略介紹上述這些人。

張景惠是張作霖的老盟友，一樣是馬賊起家。他和張作霖相同，在日俄戰後的一九〇五年歸順清朝，辛亥革命後轉任中華民國陸軍師團長。袁世凱死後，張景惠一直和張作霖一起行動，可說是滿洲軍閥之一。張作霖被炸身亡之際，張景惠也在同一輛火車上，雖然身受重傷，但仍倖存下來。滿洲事變後，張景惠與南京國民政府分道揚鑣，接受關東軍參謀板垣征四郎的說服，為了黑龍江省的安定，而在哈爾濱建立東省特別區治安維持委員會。一九三二年一月，就任黑龍江省省長。

臧式毅出身軍人，在清朝時代一九〇九年以公費留學日本，在東京振武學校學習過後，就讀於陸軍士官學校。中華民國時期，擔任過軍官學校的教官。他是熱河省承德人士（當地有清朝離宮），很受張學良寵信。滿洲事變後，一九三一年十二月被日本任命為奉天省長，受命統治遼寧省。

熙洽出身滿洲人的愛新覺羅氏，曾自東京振武學校至陸軍士官學校留學。中華民國成立後，擔任東北陸軍講武堂教育長。滿洲事變爆發時，協助日本軍攻略吉林省，後任吉林省省長。

馬占山是吉林出身的馬賊，滿洲事變後幾度和關東軍戰鬥，但被板垣征四郎以滿洲國黑龍江省省長之職招順，參與建立獨立政權。

湯玉麟原是張作霖的部下，他所在的熱河省，在清朝時代是滿洲人和蒙古人的土地。由於張作霖和蒙古人的關係不錯，這片地方成為湯氏的地盤之一。湯玉麟雖然一度參與發布滿洲國建國宣言，之後因為日本和張學良之間態度含糊不明，關東軍擔心這塊土地被張學良奪回，遂實施熱河作戰、將湯氏逐出去，熱河省也成為滿洲國領土。

不過，後來日本二戰戰敗後，熱河省大半部分為共產黨軍隊所支配，變成反滿抗日軍的地下工作宣傳站。

從戰前的故事書、讀物來看，馬占山、熙洽等人是日本人知之甚詳的名人。馬占山在北滿洲興辦新事業、聚集人群，一半是為了維持治安，另一半則是為了自己的利益。

他帶有古典馬賊一般的氣勢，跟許多勢力結盟。馬占山看不懂漢字而常被輕視，但其實他名字的「馬」字來自「穆罕默德」（Muhammad）首字的近音，亦即他是伊斯蘭教徒，對漢字沒有興趣也是意料中事。熙洽則為滿人，「熙」字與康熙皇帝年號同字。他們兩個人在日本都被視為漢族，日本人只將之當作當地人看待，並沒有很注意他們的族群為何。

接著是內蒙古哲里木盟盟長齊默特色木丕勒，「盟」是清朝時代蒙古的組織。清朝在蒙古草原劃分了許多旗，將成吉思汗後代的領主們各自封為旗主，讓其進行統治。然後，又在幾個旗之上設置盟，盟長由旗長互相選出，任期三年，擔任盟集會的議長。內蒙古共有六盟。

最後的呼倫貝爾，由於和蘇聯國境接壤，如今劃歸內蒙古自治區。清朝時代，這裡是滿洲八旗直屬土地，進行不同於蒙古的統治。

蒙古草原的哲里木盟盟長、呼倫貝爾副都統等人，就這樣被集結起來，宣告自中華民國獨立。

因為滿洲沒有完善的政治組織，支持奉天派軍閥的，多是行會的領頭人、地主等地方有權勢者。蒙古的旗長，就像古代日本的主君、又像明治時代後的縣知事。在滿洲是由軍隊維持秩序的，軍人因而更加囂張。

中國有「以夷制夷」的說法，英國也有令不同民族衝突而進行統治的作法，例如分割巴基斯坦與印度。毛澤東派中共軍隊到蒙古時，曾說「如果被蒙古人打敗，就報復在蒙古土地上」，特意煽動回族和蒙古族對立。因此，比鄰的蒙古人、回族，到今天關係依然很差。他還讓回族進到新疆，維吾爾人和回族即便同為伊斯蘭教徒，卻因語言不同而相互敵視。

這樣的事情在其他國家層出不窮，但因為日本人只意識到「日本人以及其他人」，所以不會利用其他民族的對立。

即使如此，日本人卻能明白蒙古人和漢人的不同。說到日本人為什麼對蒙古人如此友善，就是為了使之對抗漢人。日本人真的很喜歡蒙古人，蒙古人又能以日本人為後盾來對抗漢人，可說是日本樂於結交的夥伴。

不得不實行熱河作戰的理由

滿洲國建立後，關東軍為了拓展領土，而對熱河進行了熱河作戰。熱河原為清朝皇帝一族的領地，爾後成為張作霖的地盤。關東軍展開熱河作戰，是擔心若是對熱河放置不管，之後此地會成為張學良捲土重來的據點。

熱河座落著皇帝的離宮，是繼北京之後第二重要的地方。並且，實際支配熱河的軍閥湯玉麟，雖然在滿洲建國之際一度表示加入，後來卻逃走了。熱河作戰，一方面是包含了溥儀欲奪回父祖之地的意見，另一方面亦有非奪取不可的理由。大陸這個地方，即使決定了國界也不能掉以輕心，沒注意到這點是日本的失誤。

即便如此，熱河作戰也是在中國當地的日軍提出的意見，東京的人們甚至反對日軍留在當下活動的東北三省、遑論進入熱河省。這是國家政策的分裂。

可是，就算日本要進行熱河作戰，至少也應該一路北上打到萬里長城為止才是，當時就停在那裡反而是最糟糕的情況。不過，當地日軍的想法，應該是不越過長城、奪取華北地區就不能感覺安心吧。

原本釀成滿洲事變的原因，就是朝鮮。再往前追溯的話，甚至可以說，事起於日韓併合。在追溯過往、考慮什麼地方出錯了的時候，大家很容易否定過去的一切，而寫出或說出「真糟糕，如果當初什麼都不做就好了」或是「明明不打日清戰爭就沒事了」這樣的話。

我不想和那樣的價值判斷隨波逐流，而想要專注於事情的原因和結果，找到因果關係，追究真相。任何事情都不是毫無理由地選擇一條現在看似愚蠢的路徑，而是有其各自當下的背景和理由。此時的熱河作戰，即是在「熱河原本就是滿洲一部分」的前提下執行的。

日滿議定書

以合議制運作、發布滿洲國建國宣言的東北行政委員會，決定讓清朝末代皇帝溥儀擔任執政一職。

溥儀早在前年的一九三一年十一月，便由奉天特務機關首長土肥原賢二帶出天津日本租界，此際正身處旅順的大和旅館。

滿洲國的國家體制為民本主義，國旗是黃、紅、藍、白、黑色的新五色旗，年號大同，定都新京，而以「建設王道樂土、五族協和」為綱領。所謂的五族，就是滿洲人、日本人、漢人、蒙古人和朝鮮人。建國之初，憲法還來不及完成，不過已經公佈暫訂的政府組織法，國家體制大致整頓完成。

只存在十三年半的滿洲國，到最後並未制訂憲法和國籍法。日本人最感羞愧的就是此事。但是當時，滿洲國其實一直持續嘗試制訂憲法，若是國家存續時間再久一些，說不定就能訂定出一部憲法了。日本人是用自己的國家來當比較，而不斷反省滿洲國沒有憲法一事，不過，同時代的中華民國，也是很長一段時間沒有憲法。各地政權雖都製作了憲法草案，但全部都是為了正當化自身政權的存在。故而，我們必須考慮的是，當時的中華民國不僅不是立憲國家，更不是全國統一之國民國家。

日本的法律禁止雙重國籍。若是滿洲國訂出國籍法，在滿洲的日本人就必須改為滿洲國國籍。當時考慮放棄日本國身分的人，不是說完全沒有，卻也是少數。若真如此，關東軍就無法對日本人徵兵。對日本人來說，滿洲的一切都是初體驗。

中國人、韓國人總是認為所有事情都是日本的錯，完全不反省自己。日本人則老是反省著「要是這樣做就好了」、「若是那樣做會更好」，思考著失敗的原因。對於滿洲日本學界也是一直出版相關書籍，反省為何「無法實現五族共和、王道樂土」、「給日本人的薪水太高」、「因為實施差別待遇，招來怨恨」等等，幾乎可說是過度反省。不過，卻沒有一個日本人想過，若是將現在的中華人民共和國、北韓，和當時的滿洲、日韓併合後的韓國比較，會是哪一邊過著比較好的生活。

溥儀後來以證人身分站在東京審判的法庭中時，曾供稱「受到關東軍的脅迫」，不過那並不是事實。確實，關東軍在背地裡為滿洲國建國活動，但是，滿洲事變之時，關東軍只以一萬零幾百人的兵力，在滿洲全境內進行戰鬥。當時，關東軍是否到地方有力者的家中，舉槍威脅他們？連軍隊都沒有帶領，當然辦不到那樣的事。可是即便如此，戰後的歷史還是寫「關東軍威脅四巨頭，在背後操縱」。

滿洲事變爆發一年後的一九三二年九月十五日，日本簽訂了承認滿洲國的日滿議定書。在議定書上署名的，是關東軍司令兼駐滿全權大使武藤信義，以及滿洲國國務總理鄭孝胥。日本最初擔心國際上的反對，犬養毅首相不願承認滿洲國。但犬養首相在五一五事件㉕被殺身亡後，眾議院即在「滿場一致」下決議承認了滿洲國。接著，李頓委員會提出報告書，日滿議定書也隨後簽訂。

這段期間，以《朝日新聞》為首的日本媒體與日本民眾，也都異口同聲地主張「政府趕快承認滿洲國」。他們看見政府畏於國際輿論，裹足不前，便發出「至今為止，都已經在當地準備這麼久了，還在拖延什麼」的催促。

新京的建設

滿洲國首都之所以設於新京（長春），是因為向來的滿洲中心地奉天，已經是過於老舊的都市。奉天的市街歷史比清朝建國還要久遠，過去被稱為瀋陽。清朝時代，由於瀋陽設有奉天將軍一職，就趁滿洲國建立之際，將瀋陽舊名改為奉天。

奉天舊市街離滿鐵附屬地有一段距離，而那裡原來是漢人商人居住的商業都市，地點不適合建造新王宮。

又，另一個遷都理由是奉天距離張作霖的地盤太近。奉天的人們久居其地，無法分辨出誰和張學良有關係。不過，就算是這樣，要將所有人趕出去，也是非常困難的事情。過去，滿洲人進入北京之時，曾將原本住在北京的人全部趕到城外，而在內城建立公務員住宅，亦即胡同。原來住在北京城內的人被趕到城牆的南邊，建設了新的商人街。就是現在的北京火車站一帶，當時稱為「外城」。

滿洲國建國之時，日本人不想如此費力，遂以長春為新首都，名曰新京。日本人打算在之前一片空白的新京內建造火車站和宮殿。十三年半後，滿洲國隨著日本敗戰而消逝之際，溥儀的宮殿還在建造中。

所謂「五族協和」的理念

滿洲國主張的「五族協和」的「五族」，並非指哪些特定族群。是因為中華民國高唱「五族共和」，滿洲國為了表示自己也是繼承清朝的國家，故而也主張「五族協和」。

清朝有滿漢蒙回藏五族，滿洲因為藏人和維吾爾人很少，所以在滿、漢、蒙古之外，加入了日本和朝鮮。然而，滿洲其實還有俄羅斯人、猶太人和通古斯人等，只是，數字在大陸不過是修飾作用，誰也不會在意實情或數字沒有完全符合事實，大概就是數字偶然念起來順口就用的感覺。倒是日本人才是過度認真。滿洲國的「五族協和」，換言之即是「多民族國家」。

中華民國主張「五族共和」，當然是為了表現出自己是繼承清朝國家的樣子，也因為是多民族國家，所以不管有幾族加入，都說為「五族」。孫文和蔣介石都說「五族」，五族就是「多民族」的意思。中華人民共和國建國之初有八族，後來逐漸增加為十一族、十三族，一直擴增到五十五族。那並不是確切的數字，視為「多民族」之意即可。

「五」這個數字，在大陸說起來很順口。即便是成吉思汗的蒙古帝國，也有「四個異族，五群人民」的說法。這也是修飾用法，以四種相異文化、五群人民代表征服世界各地。儒教有五色，朝鮮也很常使用五色。

又，清朝的八旗組織分為滿洲八旗、蒙古八旗、漢軍八旗三項，其中也有俄羅斯人和朝鮮人。八旗轄下的人們，在行政上全都被視為滿洲人。我認為，如果不清楚大陸這樣的想法，無論是當時的日本人，還是戰後的研究者，都無法瞭解滿洲。

戰後，從滿洲回來的人們還在悵然若失之中，就被批判為「大陸樣子」。被日本人說「粗枝大葉也要有限度」是很正常，不過，在大陸並不是要百分百地區別黑白，而是可以保有適度的灰色地帶。出現矛盾狀況就維持矛盾，如果不特別形成問題，放著不管也可以。不去考慮解決問題與否，就這樣姑且度日，即是大陸式作風。

梅棹忠夫年輕的時候，曾在張家口西北研究所進行游牧民的調查，所以才會想到民族學博物館那樣的點子。戰後日本的許多新發想，不少都是從大陸回來的人想出來的。

滿洲國的官方語言

揭櫫「五族協和」的滿洲國，使用的語言雖多，還是以日本語為主。不會日語不能進入中央官署，教科書也是以日語書寫。日本人經日本語教育而走向近代化，到最後大家都要學日本語。是故，雖然滿洲國有多種語言，還是以日本語為官方語言。

如同前述，滿洲人在清朝滅亡後，擔心滿洲人身分暴露會有危險，大多隱瞞了身分。另外，滿洲人也會使用漢字。所以，日本人無法分辨滿洲人與漢人的不同。到如今，滿洲人子孫都已不清楚滿洲文化。

因而，當時日本人將住在滿洲國的漢人也全都稱為滿洲人。要是叫他們漢人，會跟中華民國國民搞混，於是就把住在滿洲卻說中國話者，全都稱作滿洲人。因此之故，現在的日本人還是會將滿漢人混為一談。

滿洲國是正式國號

一九三二年建國的滿洲國，因為兩年後溥儀從執政成為皇帝，遂藉此機會在一九三四年改為滿洲帝國。

尊敬皇帝是國家的驕傲，戰前的日本也是大日本帝國。當時不說「我國如何如何」而說「帝國如何如何」，東京大學則稱「東京帝國大學」。日本訂定大日本帝國憲法之際，曾為了要不要加上「大」、「帝」等字而爭執。從「大日本帝國」移去「大」、「帝」二字後，就是戰後的「日本國」。

大日本帝國認為，要像大英帝國那樣擁有殖民地，才能彰顯地位。然而，對於殖民地經營卻是一竅不通。這時，日本的作法就是大家一起投資，像做志工一樣地投入。

戰後的民主主義國家，視「帝國主義」為「惡」，不想再使用「帝國」這一詞彙。

在滿洲的人，也懷有帝國主義不好的印象，所以不願被稱為滿洲帝國。讓帝國定型為邪惡形象的，還有好萊塢導演史蒂芬・史匹柏（Steven Spielberg）的電影《星際大戰》（Star Wars）中所提到的「帝國軍」㉖。

何謂殖民地？

戰後日本出版的書籍中，將日本在朝鮮、臺灣或滿洲施行的政策，寫為「殖民地政策」。然而，朝鮮和臺灣被日本視為日本領土，而非殖民地。更不用提滿洲，雖然實質上是傀儡國家，但形式上仍是獨立一國。

所謂的「殖民地」一詞，在拉丁語中是「colonia」，指稱羅馬人移居到被征服地區而建造的城鎮。他們是真的移居到殖民地，開拓那裡的土地，也就是遷入墾荒。

不過，到了十六世紀以降，歐洲諸國征服歐洲以外地區，將那些地區稱為「colonia」，亦即殖民地。他們在那些地區從事經濟掠奪和政治支配，破壞原有產業而在農場種植單一作物，並驅使奴隸進行大量生產勞動，這種以此獲得收益的方式，完全和殖民地原本的意涵背道而馳。這種將異民族支配的地區或從屬於宗主國的地區稱之為殖民地，即是「殖民地主義」或「帝國主義」的做法。

實際上，殖民地主義、帝國主義和國民國家是成對出現的。為了使國民國家成功地近代化，就有必要累積財富。所謂的近代化，如馬克思主義指出的，從封建制度轉移至資本主義制度時，累計資本乃不可或缺。如果沒有資本，就無法從封建轉移至資本主義。由於在歐洲無法進行資本累計，令殖民地人民勞動、掠奪其財富，就有其必要性。

就像這樣，近代的殖民地完全是和帝國主義一起出現。日後，增田悅佐氏曾在日下公人學校說道，「第二次世界大戰後，失卻殖民地的歐洲，生活水準應該下降了。」因為失去了財富的泉源，生活水準下降也是理所當然之事。然而，架子高的歐洲人不願意降低生活水準，於是透過金融投資周轉資金，試圖克服問題。即便沒有本金，他們還是利用「低價借入、高價貸出」的方式創造資金。這樣的方式終究陷入僵局，即是現今歐洲聯盟（European Union）的狀況。

關於美國的殖民地，高山正之曾撰寫一篇短文〈美國的惡意〉，控訴其殘酷。美國人將印地安人（美國原住民）的土地掠奪至盡，還殘殺其生命。在從西班牙手上搶來的菲律賓，美國也是一開始裝作和善，後來照樣進行掠奪。

相同地，荷蘭在印尼，英國在印度，都真正做了些什麼？其實就是破壞當地而從事掠奪。為了隱瞞這些事情，歐美等國在戰後，大肆宣傳了日本根本沒有做過的虐殺事蹟。

例如《洛杉磯時報》、《紐約時報》等報刊，每次提到朝鮮（北韓）的飢荒時，一定會加上一句但書「朝鮮，過去是日本的殖民地……」，藉此控訴日本的殘暴。高山氏指出，日本正在「再進口」著這樣的觀念。

在歐洲列強的殖民地，列強原則上並沒有施行本國政府的憲法或各項法令。殖民地居民以從屬於宗主國的形式，在政治上受到壓抑、支配。相較於此，日本在東南亞教育當地有力者，期望他們日後能獨立建國，這是大東亞共榮圈的理想，也是進行聖戰㉗的原因。

又，朝鮮和臺灣被視為日本領土，當地居民則被當成日本人看待。日本在當地建造小學、醫院，維持良好衛生狀態，為了讓當地擁有和日本一樣的生活品質，而進行許多投資。相對於此，日本在滿洲國雖有很大的發言權，該國還是擁有獨自的政府和法律。

這些能說是「殖民地」嗎？意義不一樣吧。當使用殖民地一詞之際，因多半是和帝國主義有關，故是被當作壞話使用。這是左派的措辭，就像住在美國的人們，不會說自己是帝國主義。天皇制這樣的詞彙，也是共產國際所創造的馬克思主義式的詞語。日本的天皇其實並不是一種制度。

如此使用殖民地一詞的人們，可能是將殖民地定義為異民族支配。若是這樣，就必須將現在中華人民共和國治下的西藏、蒙古和維吾爾，也視為殖民地支配。但是這些人並不會這樣稱呼西藏等地。

像這樣，日本人沒有進行「複眼思考」（Compound eyes thinking），沒有對詞語進行定義，對美國和歐洲所說的話照單全收，就被塑造成「只有日本做了壞事」的形象。

揭櫫「反資本主義」、「反帝國主義」的滿洲國國務院

溥儀日後接受審判時，只單純地說了「滿洲國時代的統治，是關東軍司令官的獨裁」。但是，滿洲國好歹也是有堪稱完備的行政組織的。在執政溥儀之下，採取立法（立法院）、行政（國務院）、司法（法院）、監察（監察院）的四權分立，構成中央政府。只有立法院，關東軍決定保留名目，採取了不開設的方針。

新京冬天的國務院廳舍

滿洲國的國務院，跟現在中國的國務院名字相同，性質卻不一樣。國務院在中華民國時期，原本是內閣的名稱。作為行政機關的國務院，約略等同日本內閣，國務院總理大臣（時稱國務總理）是唯一的國務大臣，第一代是鄭孝胥，第二代是張景惠。其下轄有總務廳，總務長官由日本人任命，負責實際的行政工作。

然後，在國務院此一正式內閣中，還成立了「協和會」這樣的團體。中華民國原本是有行政組織而沒有政黨的，不喜歡這種狀態的日本人有意在滿洲國創造政黨，於是成立了協和會。創設目的，就是為了像日本一樣，由政黨建立內閣，實行自由的政治。

位於新京的關東軍司令部

由於協和會姑且算是一個政黨，並不直接從屬於國家，原則上可以自由地起草政策。但是，協和會的經費由國庫補助金支應，溥儀擔任名譽總裁，關東軍司令官本庄繁擔任顧問，國務總理則出任會長，到頭來還是淪為政府的輔助機關。

做為滿洲國內閣的國務院，是反資本主義（反中華民國）㉘、反共產（反蘇聯）、反帝國主義（反美國）的。當時部分日本人厭惡資本主義，因為資本主義多和持有並榨取殖民地的帝國主義相連。在滿洲國也常有相關的反對運動。為了在滿洲建立理想國度，日本的反資本主義者紛紛到達滿洲。滿洲當地，也有像滿鐵調查部等各種組織，能接納這些人進入當地。

反對日本中央方針的人們，帶著各自的理想與目標，從日本前往滿洲。若是將此事視為日本的陰謀，實在是完全不瞭解滿洲的歷史。

從結果來說，滿洲國距離理想可能還有一大距離。但是對實際到達滿洲的人們而言，他們其實是想以自己的雙手創造出理想的國度，卻因捲入日本的戰爭而以失敗告終。當中有許多人，是真心想成為滿洲人，並埋骨於當地的。就像《歷史通》二〇一〇年三月號特集所刊載的那樣，對他們而言，可以說「滿洲是仙境」。

關東軍參與政治的實際狀況

關東軍一直被傳為是「壓榨當地」、「實行陰謀」的軍隊，但是這純屬空穴來風。

原本關東軍是守衛滿鐵及其附屬土地的鐵路守備隊，後來在滿洲國成立後，因為滿洲國沒有軍隊，才成為滿洲國的防衛軍。當時的考量是，如果不防備蘇聯和中國，日本對滿洲的投資將會付諸東流。

據傳在滿洲國進行的「內部指導」，完全由關東軍一手執行。不過，關東軍只被託付負責國家防衛、特別是防備蘇聯的工作，不涉足政治。再說，關東軍也沒有進行「內部指導」的時間和人力。

更甚者，關東軍還被指稱對當地進行掠奪和壓榨。可是，滿洲有什麼東西能被掠奪和壓榨的呢？滿洲還是在日本投資和開發後才有一定程度的發展，倒不如說，是蘇聯與中華人民共和國將此發展成果搜刮殆盡。

小室直樹氏指出，讓溥儀擔任執政的關東軍，對此未免太過反應遲鈍了。

根據多方證言可知，原本滿洲當地人會討厭日本軍人，就是日俄戰爭後進到當地的軍隊太過囂張。在日本也是這樣，由於軍人多出身基層農村、為了發達才從軍，光是成為下級士官，就好像得到天下一樣地得意。但是，部分軍人在日本沒有辦法擺架子，到了滿洲之後，就在當地居民面前作威作福。滿洲和蒙古的原住民，據說也曾遭受如《酋長的女兒》㉙歌謠所描繪的南洋群島原住民一般的對待。

不管哪一國都有這種人，日本人的好處在於，並不會全部都是這樣的人。

滿洲國的經濟建設

建立滿洲國的日本軍人們，目標是打造一個能與蘇聯抗衡的社會主義國家。當時共產主義席捲全世界，不管敵人或友軍都抱持社會主義思想，例如發動「二二六事件」㉚的軍人就是社會主義分子。右派左派之中，幾無不受社會主義影響者。若是不考察社會主義，將無法理解世界歷史。

軍人們大多成長於貧窮家庭，關東軍亦不例外。因此，軍人多以建立「沒有資本家、人類平等」的社會主義國家為目標。做為滿洲國參照原型的蘇聯，國內既無金融危機，亦無經濟恐慌，而是團結一致地建立國家。雖然後來蘇聯國內陸續披露出諸多社會問題，但是當時呈現給外國的，都是理想狀態，故而成為眾人的目標。

但是，即便軍人們想建立和蘇聯一樣的社會主義國家，滿洲國除了滿鐵之外卻是一無所有。由於當時本地還沒有教育機構培養當地人，故而政治事務也無法委任於當地人，而由日本官吏進入滿洲國官署。

就算想發展產業、以打造不輸給蘇聯的國家，卻也沒有相應的資本。當時，原日本商工省官員、時任滿洲國國務院實業部總務司長的岸信介，向一籌莫展的關東軍說，「要是沒有財閥、資本家，就無法進行初期建國工程」，而從日本引入財閥投資。藉此進入滿洲的鮎川義介的日產財閥，旗下擁有日立製造所、日產汽車、日本礦業、日本化學工業等一百三十家公司，是擁有十五萬名員工的大財閥。

隨著進入滿洲活動，日產財閥將公司名稱變更為「滿洲重工業開發公司」（滿業）。日本財閥出資二億二千五百萬圓，滿洲國則以相同金額的實物出資，日滿雙方各出一半資金，其半官半民的型態和滿鐵相同。滿洲國的實物出資，是從滿鐵取得的工廠和礦山。經此，滿鐵僅轄有鐵路部門和撫順的煤礦，它的調查部門則因此被縮減。

以國策公司起家的滿鐵，創業之初，總裁及其下員工都意志高揚，而後逐漸官僚化。滿洲國建立後，原由滿鐵經營的學校、醫院、大學改由滿洲國國家經營，日本官吏進駐滿洲國政府中樞。

日本大財閥三井、三菱，原來也投資了滿鐵。滿鐵藉著財閥投資而壯大，自己亦成為大財閥。但是，滿洲國建立後，出現取代滿鐵地位的滿業，滿鐵的職責受到限縮。時任滿鐵總裁的松岡洋右，是岸信介叔叔的妻舅，也和滿業的鮎川義介有姻親關係。滿鐵

滿鐵事業之一：撫順煤礦的露天挖掘情形

之所以接受改組、縮減規模，可說是岸氏的人脈關係運作所致。從滿鐵手中收取重工業的滿業，向滿洲國政府保證一年付予六分利息，而一躍成為滿洲產業界的中心。

其時，滿洲的五名有實力者，合稱「二キ（ki）三スケ（suke）」。前述岸信介（Kishi Nobusuke）、鮎川義介（Ayukawa Yoshisuke）、松岡洋右（Matsuoka Yōsuke）名字結尾都有「ke」音，是為「三 suke」。「二 ki」則是從大藏省派至滿洲擔任國務院總務長官的星野直樹（Hoshino Naoki），以及時任關東軍參謀長的東條英機（Tojo Hideki）。

一九三七年，日本投入稅金二十六億圓，啟動了產業開發五年計畫，重點培育滿洲國重工業，是規模相當大的投資。因為滿洲完全沒有資金，而由日本以產業開發計畫的形式予以投資。通過「重要產業統制法」而開始的這項社會主義式計畫，進行了經濟統制，大致區別出三十八家特殊公司、二十一家準特殊公司及其他自由企業，對於重要產業實施「一業一公司」制度，也就是一個業種開設一家公司為限。

產業開發五年計畫

日本進入昭和時代後，國內東北農村因為昭和經濟恐慌而經濟衰敗，城鄉差距越來越大。社會主義就在這樣的時代背景下廣為流傳起來。如同前述，軍人多出身貧困農家，多是頭腦不錯卻苦於家中貧困、又有飛黃騰達意願的人，才選擇從軍，故而對農村有很強的同情心。

滿洲國建國之初，關東軍厭惡財閥，打算自己處理一切事務，但在岸信介說服之下，從日本引入日產財閥。滿洲國就在社會主義式的經濟統制下，開始發展產業。當時滿洲國政府雖被說為「擺飾」，也是設置了首相和大臣，還有滿洲系公務員，日本需要和他們有所折衝。不過，由於政府內的次官級官員都是日本人在負責彙整會議，所以當日本要和滿洲國政府合辦產業時，無論重工業或是輕工業，都能簡單地就達成一致意見。就這樣，滿洲國獲得日本企業的充分投資，在政府的土地上建造工廠，經營鐵路，並計畫電力、水壩等近代化建設。

滿洲國的發展，可分為三期。一九三三年至一九三六年為第一期，此時滿洲國建立伊始，還沒有辦法很順利地進行統治，故而維持治安和整頓國家機構，一同並行，而由熟悉當地的滿鐵職員從事基礎產業、輸送通信設備的完備。此期，日本資本透過滿鐵進入滿洲，使得滿鐵成為滿洲國經濟建設的主角。滿鐵不只在北滿洲建設具重要戰略意義的鐵路，亦經營鋼鐵、煤礦、液態燃料、輕金屬、化學工業、電力等企業。日本五年之間對滿洲的投資，總計十一億六千萬圓，當中有百分之八十都是對滿鐵的投資。

一九三七年至一九四一年的第二期，進行了第一次產業開發五年計畫。一九三七年支那事變發生，同時日產財閥進入滿洲活動，成立滿洲重工業開發公司（滿業），開始培養重工業發展。日本需要滿洲供給本國欠缺之軍需原料，故而幾次修改該計畫，以因應日本需求。修改重點為擴大鐵、煤炭、液態燃料、電力部門，資金計畫也增為原訂計畫的兩倍。日本的投資達到五十億圓，其中在鐵工業部門，鋼材產值為預定值的百分之二百六十四、煤炭產值為預定值的百分之一百七十八、電力產值為預定值的百分之二百四十一，可說是成果斐然。但是，農業部門中，大豆產值僅為原訂計畫的百分之八十五，沒有達到目標。

一九四一年大東亞戰爭開始後，滿洲國強制推行了第二次產業開發五年計畫。由於支那事變的關係，華北實質上成為日本勢力範圍，日本、滿洲、中國形成一體，產業發展重點為鋼鐵、煤炭與農產品。一九四三年，對日供給開始緊縮，日本卻依然向滿洲不斷索取農產品、煤炭，使得滿洲當地的生活越加窮苦，和日本本土的總動員體制一樣。儘管如此，一九四三年滿洲國的農工業生產總額達到空前水準，幾乎能達成預定的對日供給計畫。這可說是滿洲國的行政及於國內各個角落之故。

日本最初的立場，是想和滿洲國對等地一起合作發展。但是，由於滿洲國資源豐富，在一九三七年支那事變後，滿洲國便成為提供糧食、鋼鐵以支援日本作戰的後盾。會發展成如此情況，也是因為二次世界大戰中，美國、歐洲形成集團經濟（bloc economy），日本亦不得不在自己權益所在之處建立集團經濟。

滿鐵與滿拓

左頁地圖所繪製的滿鐵路線圖，不是滿洲國建國初期，而是最終階段的成果。到滿洲國建立之際，日本擁有的鐵路，只有長春以南、以及連接朝鮮等路線。其他有幾段路線為張作霖所鋪設。另外，從哈爾濱出發東西向的鐵路路線，原來是俄羅斯所建造的，俄羅斯革命之後，由蘇聯繼續經營。這段就是過去所稱的東清鐵路，一九三五年由滿洲國向蘇聯收購，再由滿鐵繼續鋪設鐵路，鐵路所到之處都有日本人進住。

滿洲國建立之後，有超過一百萬的日本人到達滿洲，不過，若是在日本過得下去，也不會想到滿洲去吧。滿鐵第一代總裁後藤新平，早在一九〇六年就開始計畫移入日本人。日本明明有心開拓滿洲，如果在這裡的日本人數量卻很少的話，將會減低日本的影響力。但是實際上，確實沒有人是自發性地想到滿洲去。

於是，日本政府在滿洲國建國後，訂立了「滿洲移民百萬戶計畫」，並交由滿拓（滿

滿鐵路線圖

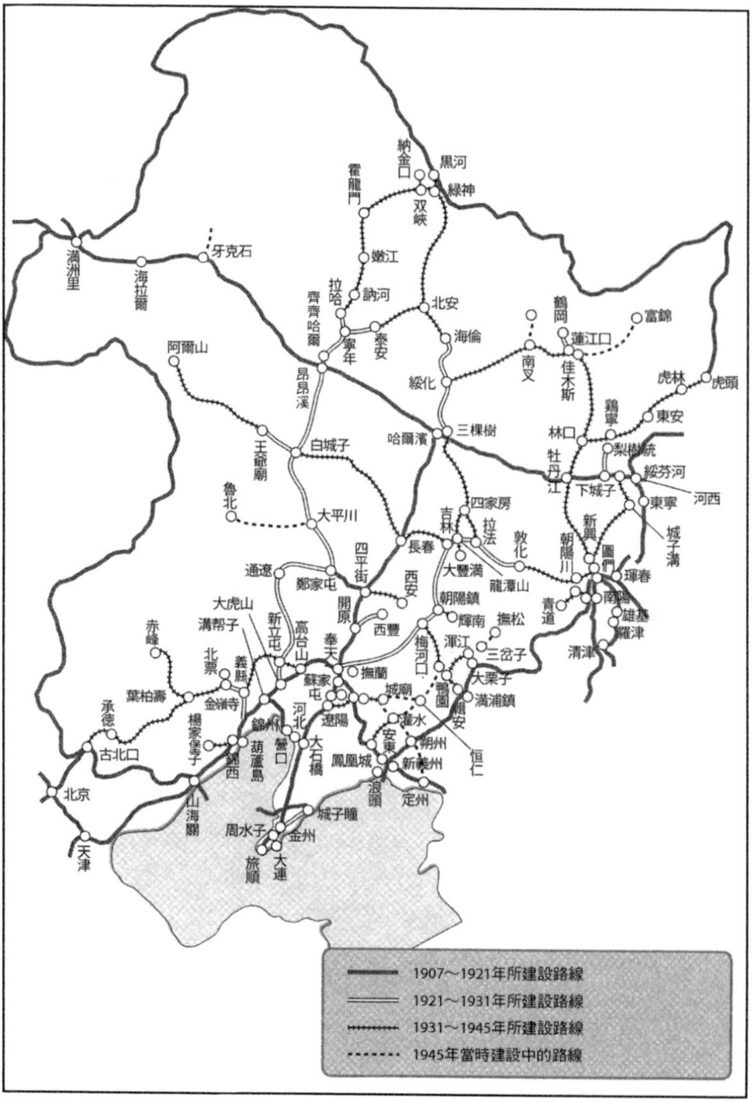
黑河
納金口
綠神
霍龍門
双峡
滿洲里
海拉爾
牙克石
嫩江
拉哈
訥河
北安
齊齊哈爾
寧年
泰安
海倫
鶴岡
富錦
蓮江口
南叉
阿爾山
昂昂溪
綏化
佳木斯
虎林
虎頭
鷄寧
東安
哈爾濱
三棵樹
林口
王爺廟
白城子
梨樹鎮
牡丹江
下城子
綏芬河
河西
魯北
大平川
四家房
東寧
吉林
拉法
敦化
新興
城子溝
長春
朝陽川
圖們
四平街
大豐滿
龍潭山
琿春
通遼
鄭家屯
西安
南陽
大虎山
朝陽鎮
青道
雄基
溝幇子
新立屯
開原
輝南
撫松
羅津
赤峰
高台山
西豐
奉天
梅河口
渾江
三岔子
清津
北票
義縣
撫順
大栗子
蘇家屯
葉柏壽
金嶺寺
城廠
鴨園
滿浦鎮
承德
錦州
河北
遼陽
通化
楊家杖子
灌水
輯安
葫蘆島
營口
大石橋
安東
朔州
古北口
錦西
鳳凰城
新義州
恒仁
北京
山海關
浪頭
定州
城子疃
周水子
金州
天津
旅順
大連
1907～1921年所建設路線
1921～1931年所建設路線
1931～1945年所建設路線
1945年當時建設中的路線

洲拓殖公司，之後的滿洲拓殖公社）全權負責。滿拓是日本的開發業者，並不是所謂的土地開發公司，而是承包開拓業務、收購土地、召集拓墾人群的公司。

滿拓常被批評「二話不說就強硬地收購中國人耕作的土地，日本開拓民則一無所知地進住」。不過，截至一九四一年春天，滿拓已經擁有二千萬町步[31]土地，當中中國人已經開墾的土地為三百五十萬町步。關於被日本移民收購之土地，日本政府的方針，是以未開墾地為限，已開墾土地則一概不購買。但是，想必在當地有著難以如此實行的狀況。不過，日本收購到已開墾土地的比例，即如前述。

送出移民的日本政府，將此視為國家級政策，而由中央官廳向縣長、地方的市長、鎮長、村長發出號令。各村村長為了聚集希望移民者，要親自拜訪家中有次子、三男的家庭，說服他們「要不要去滿洲？若是去到滿洲，就能擁有拓殖公司為你準備的土地」。

就這樣，日本以村為單位聚集移民者，送到滿洲。然而，日本移民進住的大部分地區都尚未開墾，多靠近與蘇聯國界接壤的地帶。到了戰後，有不少紀錄記載，當初把日本移民送出去的村長們，為此感到後悔。日本移民到滿洲時，非常寒冷，但還是想著要和故鄉一起來的伙伴合力開拓未來，想不到最後隨著日本戰敗而遭受磨難。終戰之際，不是只有關東軍處於危險境地。當時，當遣返日本人的火車到達後，有不少人因為留戀自己開墾的廣大土地，以致延遲出發，沒趕上火車。這樣的數日之差，便成為生死距離。

終戰的時候，在滿洲有一百五十五萬日本人。他們的經驗天差地別，也有不少人覺得「有去滿洲真是太好了」。又，住在城市者、或是滿鐵相關人員，跟被派到邊境地區的農民，就有著完全相異的體驗。

「日本人」進入墾荒

山室信一所著《嵌合體——滿洲國的肖像》（中公新書）一書，描寫了進入滿洲墾拓的日本人和當地人之間圍繞於土地的爭執，好像在全滿洲都頻繁出現一樣。不過，真正爭執頻仍的，是有許多朝鮮人進入的間島省。間島省就是今天中國吉林省的延邊朝鮮族自治州，當時這一帶有著許多共產國際的恐怖主義者進住。那時，進入這裡的朝鮮人數量非常多，從日韓合併後，大約有八十萬人從不適農業的今日北韓一帶，移居到滿洲。

以日本政府的立場而言，就算付出再多的補償金，都要盡可能地將日本人送到沒有人墾拓過的地區。最早日本人以武裝殖民團體進入的彌榮村等地，接近蘇聯國界，盜賊非常多。在這樣的地方，為了壓制盜賊，所進行的已然不是小爭執，而是「大爭吵」了。

關於滿洲，有許多證言指責日本人這裡做錯、那裡不對，但是那些證言真的是很可疑。山室氏在《嵌合體》中也寫了不少日本要反省之處，另外還引用《朝日新聞》的報導，描寫農民在統制經濟下達到極限、過著慘烈生活，孩子們在零下三、四十度極寒的地方赤裸著身體生活的情景。

「這一帶附近，有家庭是連衣服、棉被都沒有了的。當中也有赤裸著生活著的孩子。」「北滿屈指可數的穀倉地帶的一角，有一棟應該無法在酷寒中不穿衣服而生活的土屋，實際上卻看到兩名赤裸身體的孩子，令人愕然。」「這樣的情景，在這裡一點都不稀奇。在附近的村子，還將剛出生不久的嬰兒，全裸地放入鋪著草的『稻草搖籃』中而哺育著。」「在零下三十度、四十度的極寒地區中，幾近全裸地過著生活，再怎麼說也不像處於安居樂業的環境吧？」（《嵌合體》增補版，二八八至二八九頁）。

山室氏雖然極力描寫滿洲農民的悲慘生活，不過，在滿洲的冬天，家中如有取暖用的土炕的話就很暖和，小孩子可以穿著開襠褲裸身生活。山室氏是將這種情況，寫成大家都在零下三十度被放逐在外面的樣子了。如果有心那樣寫，怎麼樣都能寫到那個方向去。

因為有著「日本人壓榨、掠奪當地」的先入為主觀念，就算日本人住在有暖和土坑的家中，也會被寫成「赤裸地過著悲慘生活」。接著，舉一反三，此外的事情也都成為沒有休止的爭論，真相迄今未明。

現在，真的是只要在中國發生了什麼悲慘的事情，就會被說是日本不好。「殺光、燒光、搶光」的三光作戰，也被說成日本軍所為，但其實「三光」根本不是日本語。「光」等於「一切殆盡」的意思，是屬於中國語。就像稱殺盡回回（伊斯蘭教徒）之事為「洗回」一樣，中國即使做了可怕的事，也會對之冠以「光」、「洗」等看起來意思體面的好看字詞。另外，中國還曾指責日本軍在國共內戰時曾包圍某城鎮、令其中的所有人餓死，不過那卻是日本軍已經撤退之後的事情。

問題是，應該信任什麼？並不是讀很多書就是好事，於是要讀些什麼，就是很困難的問題了。除了自己試著讀讀看、自己做出判斷，別無他法。

漢人的進入墾荒

不只日本人到了滿洲，當時也有許多漢人到那裡進行墾拓。漢人亦到蒙古人的土地開墾，而和蒙古人之間起了許多爭執。相對地，日本人並沒有進入蒙古人的地盤，所以沒有和他們起爭執。

自清朝末期以來，蒙古人的土地就逐漸被漢人農民侵蝕，當日本人進入那裡時，當地已出現許多盜匪、馬賊。漢人農民進駐之後，不管三七二十一就在草原上耕作起來，因而和蒙古人頻起爭執。

於是，自滿洲國建立起，日本人經過當地調查，而決定盡量保留蒙古草原的原樣，漢人若是想在那裡建立村落，也要盡量勸阻他們。至於原本是蒙古草原一部分，卻因漢人進來太多而變成農地的地方，日本人就將之切離蒙古，劃為滿洲省分。另外，還交換草原和農地，盡可能讓領地與領地相連在一起。經過如此整理，畫出了一條草原與農地的界線，即是今天內蒙古自治區的邊界。

滿洲國所建置的興安東省、興安西省、興安南省、興安北省等四個興安省，即是從蒙古草原區分出來的特別行政地區。由於這些地區不像一般省分具有農地，因而不收取穀物稅。在草原上，亦建造日本式的臨時醫院和學校，維持治安以減少盜賊出入，此外也從事衛生整頓。日本創建的奉天省、龍江省、黑河省、北安省等地，原來屬於蒙古，但因已經居住了太多漢人，遂設置省分，從農地收取和日本內地一樣多的稅金。

由於日本人做了這樣的劃分，在滿洲國滅亡之後，蒙古人官員也能很快地採取行動，讓興安省成為內蒙古自治區。即使土地比起清朝時代的蒙古大為縮減，不過興安省因為沒有漢人進入拓墾，所以沒有被變為農地。中華人民共和國建立之後，現在當地已經大部分都是農地，日本的統治不過是讓當地的農地化延遲了六十年左右。

另一方面，滿洲國東部的土地則是由滿洲人持有，作為地主的滿洲人都住在城市，是不在地的地主，而雇用漢人農民耕種土地。日本人進到那裡時，無法分辨漢人和滿洲人，也弄不清楚土地屬於誰。

滿洲國時期的溥儀

溥儀將滿洲國當作重建清朝的途徑。他的身邊原本既有滿洲人，也有漢人，不過，到了建立滿洲國之際，已經沒有什麼親近的人了。他在學習時代一些僅存的朋友，也在天津租界時期分離。溥儀可說是孑然一身。

溥儀被電影《末代皇帝》定型，被人以為受到獨裁者關東軍司令官的欺負。其他滿洲人也被描寫成單方面受害的樣子，這部電影真是恣意妄為。

溥儀在東京審判時，以證人身分站上證人席。他在東京裁判的證言，明顯地是為了自保而選擇倒戈，讓日本人非常失望。

滿洲國滅亡後，溥儀被帶到蘇聯的哈巴羅夫斯克（伯力），從那裡出發到東京審判出庭。他之所以被帶到蘇聯，其實是蘇聯在日本戰敗後打算以他為傀儡，再建立一次滿洲國。然而，到最後溥儀被判定「不適合當君主」，又交予中國共產黨，而被關入撫順監獄。溥儀此人，果然不是值得尊敬之人吧。

世界上有很多像十四世達賴喇嘛那樣的類似例子，亦即國家在滅亡邊緣，卻因為君主很優秀而復活過來。溥儀卻不是這樣，原本在關東軍內部就有不希望他上位的意見。那是因為，關東軍內部有許多軍人，不希望古老的皇帝制度復活，而希望創造像蘇聯那種共和制的新國家。

即使溥儀在滿洲國建國兩年後成為滿洲帝國皇帝，卻沒有如想像一般受到人民擁戴。若是沒有受到尊敬，亦無法握有權力。他三歲成為皇帝，六歲退位，十八歲被趕出紫禁城，並沒有受到帝王教育。周圍的人們，誰也沒有把他當作皇帝看待。少數視他為皇帝的人，大概就是家庭教師莊士敦爵士而已。所以他才會抱持著奇怪的理想，來到滿洲國後又大失所望。溥儀心裡大概想著，「我可是皇帝呢，周圍的人那是什麼態度。」

但是，他到日本一看，發現日本天皇非常受到國民尊敬，因而大吃一驚。所以，才會說出「日滿一體」、「想創建建國神廟」等話。溥儀還提到想將天照大神帶到滿洲，不過，受到天皇以降眾人的反對。日本人認為，溥儀既然是清朝皇帝的子孫，理應祭拜清朝祖先。但最終，溥儀還是在滿洲創建了建國神廟。

但今天都說，是關東軍在滿洲強制推行日本神道，好像什麼壞事都一律推給日本軍部，這真是令人難以置信。溥儀在回憶錄中，還寫了不情不願地被逼著去拜日本神明，完全一派胡言。他的心態是既然都成為共產黨員了，就任意寫出對日本的諸多詆毀，故不能輕易相信。

若是閱讀日本人在滿洲時代的回憶錄，會發現滿洲國並未壓制各民族及其語言。例如娘娘廟非常盛行，眾人會一同遙拜廟宇。道教和佛教信仰亦相當興盛，當地還建有關帝廟。蒙古人則信仰藏傳佛教，宗教上非常自由。這些事情，都記載在《滿洲國史》中。

川島芳子的認同為何？

清朝滅亡，中華民國建立後，許多滿洲人隱瞞起自己的出身。有些人不認為「滿洲人」一詞有值得驕傲之處，不過，帶有「愛新覺羅」姓氏的清朝皇族肅親王的第十四女川島芳子，卻有很強的滿洲人認同。

將她收作養女的川島浪速，在義和團事件時是日本陸軍中的軍隊翻譯官，並在日本軍隊撤退後留在中國，擔任中國首個警察官培育學校北京警務學堂的總監督。因為這層關係，而和肅親王結為至交，收了他的女兒為養女。

一九一五年，八歲的川島芳子到日本，一開始是從東京赤羽的川島家到豐島師範附屬小學上學，畢業後升上跡見女子中學。其後，移居川島浪速老家的長野縣松本市，就讀松本高等女學校。據說每天都從自家騎馬到學校上課。

川島浪速被說為「大陸浪人」，在辛亥革命後，也曾參與滿蒙獨立運動、清朝復辟等事。我想，川島芳子是從養父那裡，學到身為滿洲人的意義的。

日本人從明治時代起，就清楚意識到自己的民族，對於中國人，也會傳授他們自己民族的文化和歷史的重要性。日本人的文化相當重視歷史背景，所以對於對手的背景也會慎重地加以考量和討論。川島芳子之所以抱持滿洲主義，想必也和她在日本成長有關。

之後於一九二七年，川島芳子和養父川島浪速支持的滿蒙獨立運動家巴布扎布將軍之次男、畢業自日本陸軍士官學校的甘珠爾扎布結婚，但僅僅三年即告離婚。

滿洲事變之際，川島芳子受到關東軍委託，將溥儀的皇后婉容從天津帶到旅順。甘珠爾扎布則組織蒙古獨立軍，呼應關東軍的行動。

「日系」、「滿系」在滿洲國的差異

日本人民族意識雖高，在滿洲國行政上卻將當地滿洲旗人和清末才移住滿洲的漢人混為一談，都稱為「滿人」。接著開始胡亂區分「日系」和「滿系」[32]。

滿洲國肇建之時，進入當地的媒體程度不高。明治時代的媒體人，盡是打扮入時、卻作些流氓行徑的人，而被稱作「穿著和服外褂的流氓」。他們在日本還不能太囂張，一到大陸就作威作福，很多人都是從下層爬上來，一夕之間就飛黃騰達。行政高層尚且清楚這些被和滿洲人混為一談的人們，各是什麼背景、差距多少，一般的日本人卻無法理解。

也就是說，日本人之中也有個人差異，既有像今天的我們一樣喜好仔細考量他人背景的人，也有視滿洲和其他殖民地無異、到那裡只為了擺架子的人。滿洲國建國之後，將原來住在那裡的人和滿人混為一談的後者，人數增多了。

現在的教科書中，以民族主義式的印象寫著「由於滿洲被日本收為殖民地，被日本人歧視對待的中國人，興起獨立運動、奪回滿洲」。不過，這很明顯地是後來毛澤東時代才形成的言論。當時的滿洲，還沒有「自己和南方的國民黨或共產黨同為中國人」的意識。不過，日本戰敗後，原滿洲國官僚們在撫順監獄中寫的反省文章，寫了「我們是被日本逼的」、「我們心裡其實一直對日本反感」等字句，被當作證據保留下來，歷史也因而被重新改寫。

當時滿洲國中懷抱那樣的民族主義的，是思想犯的反日工作員。在撫順監獄中寫反省文章的人之中，也有很多這樣的反日工作員吧。這些反日工作員雖然有煽動反日之舉，不過我認為其實人數沒有那麼多。

為什麼只有大連、旅順受到特別對待？

關東州㉝位於遼東半島的南端，轄內有旅順和大連等城市，人們時常把它和滿洲國搞混，但二者其實不是相同的地方。關東州是日俄戰爭後，日本透過正式簽訂條約而得到的領土。到滿洲事變之前，在滿洲的日本人都只住在關東州和滿鐵附屬地。從日本人的觀點來看，關東州其實就是一個巨大的租借地，就好像英國領有香港一樣。

日俄戰爭後，對於如何管轄成為日本領土的關東州，日本採取了老套的直線領導行政方式，引起很大的爭議。外務省拉攏拓務省、滿鐵等機關而內外串通、結成同一陣線，甚至捲入大藏省次官，展開了一場金錢爭奪戰。關東州在形式上是獨立的，因此，終戰之際，受到遣返而回到關東州並脫離險境的人，數量相當多。

傀儡國家？獨立國家？

滿洲國時常被稱做「關東軍建立的傀儡國家」。我自己也認為滿洲國是傀儡國家，但是，傀儡國家有哪裡不對呢？

事實上，世界上又有多少國家不是傀儡國家的呢？北韓、蒙古人民共和國是蘇聯的傀儡，非洲、南美洲亦沒有一個國家不是列強所建立的。即使有著國王，看似獨立一國，但卻無法自食其力的國家，更是多不勝數，這和傀儡又有什麼兩樣？

形式上是獨立國家，實則為傀儡政權，這樣的國家也不少。只質疑滿洲國是傀儡國家的論調，讓人感覺好像從一開始就有什麼企圖似的。不是傀儡國家的，就是從以前便存在的國家，或是現在由聯合國提供援助的國家。

雖然中國共產黨完全由蘇聯一手打造，但是毛澤東一面利用莫斯科金援活動，一面發揮天生的政治能力、肅清莫斯科派系，而掌握住自己的權力。所以，中華人民共和國沒有成為蘇聯的傀儡國家。

一滿映與甘粕正彥

關於擔任滿洲電影協會（滿映）理事長的是甘粕正彥，如同前文提到的，我並不認為他在關東大地震後虐殺了大杉榮。就算日本的軍隊再怎麼包庇，也不可能在大陸給殺死大杉榮的犯人如此高的地位，並給其發展的舞台。我認為，甘粕是以領導者的身分負起責任，背了黑鍋。

甘粕在滿映相當受歡迎。他應該也不是第一次在中國大陸從事滿映這種文化類的工作吧。現今中國的電影人才，大概都算是他的弟子輩。

在教育、大眾文化等其他領域，以甘粕為首的日本人也是相當投入，要使之發展興盛。他們在滿洲建立的建國大學等教育機關，培養出現代中國的知識階層。滿洲盛行的歌劇、其他新式音樂或小說，全部都是日本人引入的。建設圖書館、民族博物館等文化政策，亦是日本人努力打造的。如果日本人完全不管滿洲，滿洲的文化甚至是歷史，都會消逝無蹤吧。

日本人非常認真，對明治時代的改訂不平等條約，一直保持熱情。日本人抱持著「必須由我們來證明，亞洲人在國際上是一等的人才」這樣的熱情，即使是在滿洲，也要打造出不輸白人的文化。

即便是俄羅斯一開始起頭的大連之街道規劃建置，在俄羅斯人離開後，接手的日本人依然繼續興建俄羅斯式建築，建立了歐洲風格的街道。這是由於，日本人認為自己有必要向歐美等國展示，自己可以勝任整頓、經營與歐洲同等級的都市。

由於當時全世界大多輕視亞洲人，以殖民地主義為主流，而有「亞洲人當奴隸就夠了」的觀念。從而，印尼、印度等亞洲各地的人們，都遭受到殘酷對待。日本人以一己之力在日俄戰爭中打贏白種人，讓全亞洲都為之喝采。

日本為了展示自己不僅擁有軍事實力，在文化上也能和歐美人並駕齊驅，而計畫解放亞洲、成為亞洲盟主。有不少日本人都很認真地這麼想。

然而，就算個別日本人各自努力著，卻沒有成為國家政策。之所以如此，即如前文所言，是因為江戶時代培育指導者的教育，到明治時代後，轉為以培養官僚的大學為主，使得培養領導者思考政策的帝王教育、君主教育從日本消失。即便認真聽取他人意見的優秀官僚輩出，卻因不再實施培養在上層從事管理者的菁英教育，而無法養成優秀的指導者。就算日本人個個都認真做事，卻沒有整體的方向性，實在非常可惜。

大東亞戰爭開始的一九四一年左右，雖然解放亞洲已經不再是戰爭的目的，但多數國民依然相信著解放亞洲。到大陸去的人們，大多想著「要解救過著貧苦生活的大陸人民，讓他們過上跟自己一樣好的生活」。

戰爭中，和個別日本人有接觸的大陸人民，其實是很喜歡日本人的，會對日本人說「謝謝你們為我們做了那些事」。中國人政治感很強，說出上述那種話會吃虧，所以並不太會說，反而是視為當然地說出批評的話。不過，內蒙古的人們曾這麼說：「文革時期，中國人殺死蒙古人，奪走土地，日本人卻尊重蒙古人的蒙古身分，而沒有下殺手。」即使在大陸，日本人也不殺人。

諾門罕事件是雙方的敗北

滿洲事變的時候，蘇聯正處在五年計畫時期。從一九三〇年中取得獨裁地位的史達林來看，滿洲國的建國動機，是日本軍意欲切割西伯利亞鐵路，並進入該地區活動。原本日本就因為打贏日俄戰爭，而被史達林視為威脅，更不用說日本出兵西伯利亞，妨礙了俄羅斯革命。要破壞漫長的鐵路線而進行恐怖活動，其實是很簡單的。只是日本人過於紳士，不會想到那一步。

滿洲國建立後的一九三二年，因為不滿革命黨政府採取親蘇政策，蒙古人民共和國發生了大規模暴動。當時蒙古八十萬人口中，有百分之四十五反對共產主義，高喊「守護我們的宗教」而站了出來。革命黨政府虐殺了佛教僧侶，因而受到厭惡。原本蒙古人就無意成為社會主義國家，只是為了脫離中華民國，才跟隨蘇聯的。

蘇聯原就打算，若是將中國共產化，即便把蒙古還給中國也無所謂。反倒是日本建立的滿洲國，保護了「東部內蒙古」的游牧生活，後來還支持德王領導的內蒙古獨立運動。對此看在眼裡的蒙古人民共和國國民，在暴動中希望爭取到的支持不是莫斯科，而是日本。

此際，史達林才急忙派特使到蒙古人民共和國調查實情，逆轉蘇聯對待蒙古的政策，與之結成軍事同盟，開始經濟援助。一九三二年蒙古舉國暴動一事，直到一九九一年蘇聯解體，都一直被隱瞞著。

蘇聯在張鼓峰、諾門罕等邊境地區向日本挑釁，日本軍隊雖處於極度劣勢，依然憑藉情報管制、進行偽裝而不致負敗，在外交上挽回一城。

一九三九年的諾門罕事件（又稱「哈拉哈河戰役」，Battles of Khalkhin Gol），是滿洲國與蒙古人民共和國的國境紛爭。蘇聯軍部署機械化部隊，完全相信滿洲國軍和關東軍已經不敵敗退。由於對塔斯社（Russian News Agency TASS）等媒體進行情報管制，明明日本和滿洲軍隊戰死蘇聯和蒙古聯軍一萬八千人，使其負傷者二萬二千人，媒體卻報導蘇聯軍戰死人數僅三至四百人。然而，直到一九九一年蘇聯解體後，才知道當初蘇聯、蒙古軍的死傷人數，除去作戰期間病死者，有一萬九千人之多。

諾門罕事件，同時停止了日本北進政策以及蘇聯南進政策，可說是日本和蘇聯的兩敗俱傷。

蘇聯的民族支配構造

蘇聯是大陸國家，有許多民族混雜在一起，形成多民族人群網絡。蘇聯確立人際聯繫的支配方式，即是選出對莫斯科表示忠誠者為各共和國的代表，由莫斯科當局在背後支持他們在當地進行統治。不過，即使是宣示過忠誠的人，一旦和莫斯科關係變不好，就會二話不說地遭到逮捕、處刑。

西伯利亞南部的貝加爾湖附近，自古就居住著一群蒙古系的布里亞特人（Buryats）。他們在一九一七年俄羅斯革命興起之際，為了避禍而往南逃到蒙古（後來的蒙古人民共和國）和北滿洲一帶。

史達林於一九三七年開始肅清行動，將逃到已變成蘇聯衛星國家的蒙古人民共和國之布里亞特族男子逮捕，並幾乎處死殆盡。他的理由是，他們有和敵國相通之嫌。這是由於，一九三二年建立的滿洲國之中，有許多布里亞特人的同族。當然，史達林也監控蘇聯境內的布里亞特人。此前他們自稱「布里亞特・蒙古人」，以後禁止自稱「蒙古」，而被單純劃為一個亞洲人種。

到今天，布里亞特共和國不使用蒙古這樣的自稱。我從友人處聽說，蒙古人民共和國出版百科全書時，為了消除「布里亞特・蒙古」的「蒙古」字眼，而在所有書頁上另外貼一張紙。蘇聯就是如此地想消除布里亞特人的蒙古淵源。

就像這樣，蘇聯在應該嚴格對應之處是相當嚴格的，不能太深入追究內情，而蘇聯也根據地區不同，有相異的對應方式。

在中央亞洲地區所謂的 CIS[34]諸國及前蘇聯的伊斯蘭教國家等地的共產黨，係由當地民族自行創設，而非由俄羅斯人成立。莫斯科再在各國共產黨中選擇和自己關係好的人擔任領導者，藉此實行控制。這和到現在為止的獨裁制度都有關連。

「共產國際」這個組織

共產國際是一九一九年成立的共產主義政黨國際組織（又稱國際共產黨、第三國際），到一九三五年為止召開過七次大會。第七次大會中，有五十七個國家、六十五名黨或國際組織代表出席。共產國際畏懼於日本，而策劃了各式各樣的陰謀。

史達林也不是從一開始就很順利地取得強大權力的。以我看來，共產國際其實是像列寧的直屬近衛兵一樣，而和蘇聯國家沒有關係。共產國際中的人出身自不同國家，完全是思想犯（ideological criminal）似的國際共產主義者的組織，憑藉信念聯繫而活動。

正因如此，史達林對共產國際實施了令人生畏的肅清行動，一九四三年將之解散。此後雖然成立共產黨和工人黨情報局（Communist Information Bureau，Cominform），卻持續不太下去。

關於共產國際在滿洲實行陰謀的實態，至今尚且無法釐清。不過，敵視日本、圖謀削弱日本的思想，到現在也依然持續流傳著。

蒙古眼中諾門罕的地理意義

諾門罕實際上是一片什麼都沒有的草原。一定有人會想，為什麼會在這種地方激起國境之爭？又或許可能會想，反正游牧民沒有土地所有權的觀念，乾脆就像美國奪走原住民土地、擴張到西部時那樣，在各州之間畫出筆直分界就好了。

但是，亞洲和美洲不一樣，這裡有著數千年的歷史，土地、人際關係也錯綜複雜。

蒙古稱諾門罕事件為「哈拉哈河戰爭」。日本人多以為哈拉哈河（Khalkhyn Gol）是國界，不過，蒙古其實只是在哈拉哈河周邊有一塊游牧地區，而哈拉哈河流經中央。蒙古人以河流流經地區為根據，而將其周邊視為游牧地區。對蒙古人而言，住在哈拉哈河滿洲那一邊的人們也是其屬臣，所以哈拉哈河周邊地區屬於蒙古國領土。

然而，俄羅斯也從一開始就弄錯了。日本從滿洲國建立之際，就一直不被允許在當地從事調查（還發生中村大尉被殺事件）㉟，實在沒辦法，只好將西伯利亞出兵時從舊俄羅斯軍奪來的地圖放大，並沿用下去。俄羅斯的地圖出現的錯誤，是將與清朝締結《恰克圖條約》時，說好以山脈、河流為國界的約定，也擅自應用到游牧地區上。

然而，蒙古人民共和國建立後，蒙古人向俄羅斯抗議，而替換成越過哈拉哈河劃定國界的地圖。因此，蒙古和日本各自對國界所在的主張產生衝突，互相指責對方侵犯國界，也發生了衝突。

在諾門罕戰役中，滿洲國軍隊參戰人數比日本軍還多。呼倫貝爾當地的滿洲國軍，在諾門罕對蘇聯軍隊作戰。滿洲國軍受到日本很好的訓練，頗具戰力。

滿洲人和蒙古人的戰爭，等同是日本和蘇聯間之代理戰爭。由於哈拉哈河兩側都是蒙古地區，而滿洲國軍隊裡也有蒙古人，彼此之間並不想對戰。可是，滿洲國是日本的傀儡，蒙古則是蘇聯的傀儡，不能違逆東京和莫斯科的意志。

我認為，要是日本人多重視當地蒙古人所說的話一點就好了，如此就能明白真正的事實。如果日本人跟蒙古人互動再良好一些，也能得到寶貴的情報。事實上，雖然不是整個日本軍隊都這樣，但確實有一部分軍人視當地人如原住民一般，作威作福，大擺架子。

即使到今天，就算在JICA（國際協力機構）那樣的組織，也是有好人，亦有壞人。特別是分配資金的人，會以輕視的態度看待當地人。

關東軍特種演習是對史達林的牽制

諾門罕事件後成為關東軍司令官的梅津美治郎，處分行為脫序的關東軍參謀們，進行了人事重整。在他的任內，一九四一年在蘇聯國界附近，舉行關東軍特種演習（關特演）。

當時，歐洲開始德蘇之戰，日本應當如何因應？是往北（蘇聯）還是往南（東南亞）？舉國正在煩惱此事之際，關東軍司令官梅津美治郎集結七十萬人，於滿洲的蘇聯國界附近進行大規模演習，目的是為了牽制蘇聯。由於展現出無論何時都能向蘇聯進軍的樣子，令史達林望而生怯，直到一九四五年為止蘇聯都沒有攻打過來。

梅津氏擔任中國駐屯軍司令官時，對於宋哲元下屬進犯熱河省一事，締結了「梅津・何應欽協定」（一九三五年）。

可以說，梅津氏和昭和時期各個重要事件都有關連。二二六事件之後，他從事陸軍肅清活動。一九四五年日本投降文書簽訂儀式，他雖然不情願，還是以軍方代表身分出席，並在密蘇里號上簽署了投降文書。當時，由於有二二六事件、諾門罕事件的先例，他對兒子發牢騷地說：「這次又要收拾殘局了。」

話說回來，關特演之後，隨著日本在大東亞戰爭中太平洋方面戰局不利，在滿洲的日本軍隊被調往南方，關東軍因此弱化。更甚者，由於一九四四年在中國的美軍展開對日轟炸、蘇聯軍的優勢、以及一九四五年蘇聯軍開始往東方輸送，關東軍的作戰計畫於是從攻勢改為防禦，準備打持久戰。到了一九四五年夏天，甚至到了要對在滿洲的二十五萬日本人實施徹底動員計畫的地步。

由於實施此動員計畫，同年七月底，關東軍兵力表面上提升至二十四個師團，兵員七十萬人，但由於大部分都是新設立的部隊、裝備也不齊全、火砲武器不過是關特演時的二分之一或三分之一多，其實質戰力只相當於八個師團。

但是，畏懼日本軍的蘇聯，卻調動一百七十四萬本國軍隊駐守於滿洲國界。即便如此，史達林因沒有勝算，也因長城南部還有岡村寧次率領的在中日本軍，蘇聯軍最後還是沒有進入滿洲。

駐守於蘇滿國界的蘇聯軍隊接到開始攻擊的命令，是美國在長崎投下原子彈的八月九日之時。蘇聯擔心日本在自己參戰前就投降，將會降低自己發言的分量，遂提前原訂計畫，在八月八日對日本公開宣戰。

可以說，滿洲國存在的意義就是抑止了蘇聯吧。

蘇聯、美國都畏懼日本

如同史達林畏懼日本一般，美國也相當地害怕日本。對於在滿洲事變後指定李頓調查團進行調查報告的國際聯盟，作為觀察員的美國，一開始是不願意參與的。後來是以「不發言」為條件，才參與國際聯盟。由此可見日本的強大程度。

由於美國人害怕日本人，在大東亞戰爭時是真的想擊潰日本。所以，美國在那場戰爭中，無視國際法而進行無差別轟炸，破壞通商，甚至投下原子彈，虐殺了一般的日本人民。

日本人明明沒有破壞國際法的規則，戰後，不知為何卻局勢逆轉，變成日本人的錯。美國在和中國利害一致下，也主張南京大屠殺等事。為什麼一般的日本人不瞭解這些事情呢？老實說，我認為日本人到現在還不了解這些事，這真的是完全不行。

歷史是解釋的學問，若是任意選擇事實來看，確實可能做出「只有日本不對」的解釋。從今天的標準來看，日本的確做了不好的事，但是在此之外，明明對手做了更不好的事，卻沒有被披露。

又，今天的日本人被灌輸了一種想法，認為當時的日本很弱小。這幾乎可說是一種「心靈控制」了。讓日本人認為「日本很弱小」，某些人會從這個說法中獲得好處，於是他們統一口徑。日本以外的許多國家，至今仍然持續這個說法。

事實上，美國和蘇聯當時都很害怕日本。戰後，外國群聚起來打壓日本，聯合國也對日本持續實施敵國條款。即使今日蘇聯解體、美國國力變弱、中國崛起，為了維持他們自身的立場，還是一直說著「日本不好、日本不好」。因為要是不這麼做，而讓這些國家的人民說出「日本比較好」的話，從這些國家的立場來說則是不好的。

確實感受到「當時日本人很強」的日本人，現在已經不復存在了。現在的人只會教小孩子「日本要是沒退出聯合國就好了」、「跟美國打仗真是愚蠢」。確實，在日本至今為止的漫長歷史中，沒有比這個時代的日本人承受更多苦痛和傷亡的了。然而，這個時代也留下歷史，並轉化成經驗。

即使說謊，謊言也不能長久維持，總會在哪個地方露出破綻。日本人曾經做過的事，並不會徒勞無功的消失。日本憑藉真正的實力，還是在全世界留下「日本要是發怒了的話，會很可怕」的印象。雖然也有不盡完備之處，不過，日本明治時代以降積累的歷史經驗確實地傳承下來，即是現今日本發展的基礎。我認為，日本人應該好好認知到這些事實才是。

若是瞭解以上事實，相信日本人會變得自信活躍。我想，唯有日本人瞭解日本歷史的真實樣貌，才能開拓未來。因此，就要將現在隱蔽日本國民自信的諸多謊言去除殆盡。若能如此，不必多說些什麼，日本人也能自然地邁步向前。

我不明白，像加藤陽子㊱那樣恐懼上述事情的人，為什麼要如此奉承外國，貶低日本。難道，比起國家，自己的利益更重要嗎？

滿洲開發

日本所開發的滿洲，是片肥沃土地。

若是日本當初打輸日俄戰爭，滿洲將會屬於俄羅斯，朝鮮也可能改成「高麗斯坦」之類的俄式名字。想知道變成俄羅斯屬地會是什麼樣子的話，看看沿海州（Primorye）就能想像得到了。沿海州多山面海，位置條件很好，不過到現在偶爾都還有老虎出沒。

由於日本人的建設，今天的滿洲成為豐饒沃土，果然是靠日本人投資，中國才有現代風貌。美國開發西部時，猶他州、明尼蘇達州等地區幾乎沒有進展。日本則連滿洲內陸都開發完畢，將之轉為有生產力的土地。日本人到滿洲去之前，那裡只有狩獵民和農民，是一片只有高粱田的荒蕪土地，蒙古人和漢人常常發生衝突。

綜觀二十世紀歷史，日本先是在日俄戰爭改變了此前的白人的歷史認知（黃種人是低等民族），滿洲事變時又大幅改變了世界的架構。除了第一次世界大戰以外，二十世紀的歷史幾乎都由日本轉動，日本人對此卻未免過於沒有自覺。到現在，日本人還想著「我們如此弱小，已經很努力好好表現了，為什麼還遭致如此的欺負」，真是大錯特錯。事實上，日本是亞洲的超級大國。

日本進行戰爭，抱持的不是陰謀，而是正確道理。日本主張的是：「殖民地主義實在太殘酷。為什麼只因為人種不同，就把人當作奴隸？白人太過分了，我想解救亞洲的人們。」這真的是很正當的道理，故而其他白人國家無法公開抱怨日本。

接著，因為日本人反擊白人壓力的力道很強，白人們受到正面質問而啞口無言。為此，他們心想「不想些辦法壓制日本不行」，而在背地裡勾結聯合，這就是世界的歷史。

日下公人氏曾主張：「日本人真的很了不起。其他國家即使有心像日本這樣做，卻還是辦不到。」我很贊同他的意見。現在還會這麼說的，也就是日下公人氏了吧。

看著現今美國國內的悲慘狀況，哪裡是一個好的民主國家呢？如果生在美國，沒有錢就不能上大學，只能埋骨軍隊。要是生在中國，除了少數高級幹部，其他人不知道過得多悲慘。我們有幸生在日本，能夠好好地過生活。就算是這樣，為什麼大家還是不斷批評著日本呢？

戰爭時的滿洲

大東亞戰爭中，滿洲幾乎沒有遭到空襲，資源比起其他地方算是相對豐富，故而情勢平穩。

在滿洲，維持治安是最重要的課題，故而滿洲人協助日本人是理所當然之事。一部分的原因在於張學良此前的統治不佳，另一部分則是畏懼於蘇聯。滿洲有滿洲人、朝鮮人、蒙古人等不同的族群，人們為了自己能活下去，最佳選擇就是協助日本人。

然而，山海關以南的中華民國人，煽動了抗日民族主義。他們以「日本帝國主義對中國民眾」這種簡化的言論，引發了中國人的反抗之心。他們在遙遠的地方，並不清楚當地狀況，不過也正因身處遠方，才便於進行煽動。

說起反日運動者的一無所知，最近中國發生的反日暴動也是如此。為了反對日本將釣魚台列島國有化而參加反對運動的人們，都是在此之前連該列島所在地都不清楚的人。不清楚事實，反而比較容易相信口號，對煽動者而言相當方便操控。

隨著日本人建立滿洲國，滿洲當地出現了「中國人」的概念，「中國人的」、「中國民族主義」亦應運而生。相對於滿洲國以外的地方發生的騷動，在滿洲國國內，高唱反日、抗日的，只有和共產黨相關的少數知識分子，平民們完全與此無關。「中國民眾的抵抗」之類的說法，都是戰後才出現的。

滿洲國國內的騷亂，多是從以前就有的盜匪和馬賊的殘部，或是朝鮮人共產主義者，或是受到蘇聯的共產國際之煽動。當然，從日本國內的安定生活來比較，滿洲的治安確實是不好。不過，那是由於滿洲並不是完全由日本人掌握主導權，而亦有蘇聯、蒙古、朝鮮、中國參與其中，這可說是滿洲這塊土地的宿命。

關東軍人數並沒有想像中的多，在滿洲的管理基本上是直接利用國民黨之前在這裡留下來的組織，以圖維持當地治安。不可否認，滿洲國當地勢力確實和日本聯手，而這就被南方的國民黨指為「侵略」或「暴動」，並據此向外國控訴日本。不管什麼時候，日本總是被中國的政治宣傳所陷害。

實際上，無論滿洲事變也好，滿洲國建國也好，都不是日本單方面的佔領工作。沒有協助者的話，還做得到這些事情嗎？但是，到了戰後，中華人民共和國取得政權後，便塗改一切的歷史，直至今日。

被捲入日本戰爭的滿洲

日本在滿洲國致力於修築道路、整修電力設備及基礎建設、發展貿易，將之打造成一個很好的國家。比起收稅金收到一百年以後的張學良，日本人經營的滿洲國要好得多了。

然而，日本在大東亞戰爭開打後，狀況不變。由於日本國內物資因戰爭而不足，而在滿洲籌措了不少款項，這就使得滿洲也陷入物資短缺。住在滿洲國領土的蒙古人表示，「滿洲國建立之初，一切都很美好，眾人充滿理想。支那事變開始的時候，也還沒有問題。但是，到了大東亞戰爭之際，物資開始不足，大豆等物資被以『日滿一體』的口號幾乎搬盡，而且每年皆如此，生活越來越不好過。」不過，也有人說，這時的生活，還是比之後中華人民共和國建立後要好一些。

日本國內也從一九四五年的年初，開始變得生活困難，然而，同時期的滿洲配給相較還算豐富。於是，開始有人因為日本物資缺乏、難以生活，而打算到滿洲去。滿洲真正陷入困境，是在一九四五年八月終戰之際，蘇聯入侵，將所有東西通通帶走，不久國共內戰又緊接著開打。到此之前的十三年半，滿洲沒有戰事，生活可算平和。

日本的國際善鄰協會曾經出版《滿洲建國的夢想與現實》（謙光社，一九七五年）一書，紀錄滿洲的過往故事。

「日清戰爭時的日本軍隊，即便是借宿農家，也是自己在庭院搭起帳棚休息，還會幫忙掃除庭院，是優秀的軍隊。日俄戰爭時來到這裡的日本軍隊，對長期賴著不走的『大鼻子』（俄羅斯人）很反感，會主動提供勞力、糧食和車輛給滿洲當地人。不過，奉天會戰[37]後，許多日本人來到奉天，開始作威作福。滿洲事變時到達間島省的關東軍，聽信惡質朝鮮佃農的控訴，而懲處漢人地主。在此期間，滿洲國建立了。日本人也正在期待著一切轉好，但是因為戰敗而期待落空，很可惜。」

這就是滿洲人真實的想法。

日本軍對蘇聯的抵抗

曾經有傳言說，終戰後蘇聯軍湧入滿洲之際，當地人也加入蘇聯軍「狩獵日本人」的行列，但無法確知其真實程度。畢竟，我不認為蘇聯軍隊分得清楚當地中國人和日本人之間的差別。

一百七十四萬名遠東蘇聯軍一同攻入滿洲時，應該是把日本人跟當地人混在一起，進行虐殺了吧。亦即不管中國人，還是日本人，都被蘇聯軍隊所害。而中國人趁著日本人拼死逃命、毫無防備之際，捲走了女性和小孩的值錢物品，就跟在中國大陸發生戰亂時一樣。

來自蒙古人民共和國的蒙古軍隊，與蘇聯軍一起進入滿洲，內蒙古地區的人們心想「這次終於可以統一蒙古」，而和蒙古人民共和國的人開了多次會議。但是，蒙古人民共和國的人們由於過度貧窮而教養程度不高，一開始歡迎他們的內蒙古人轉而認為「不

蘇聯攻入滿洲的路線

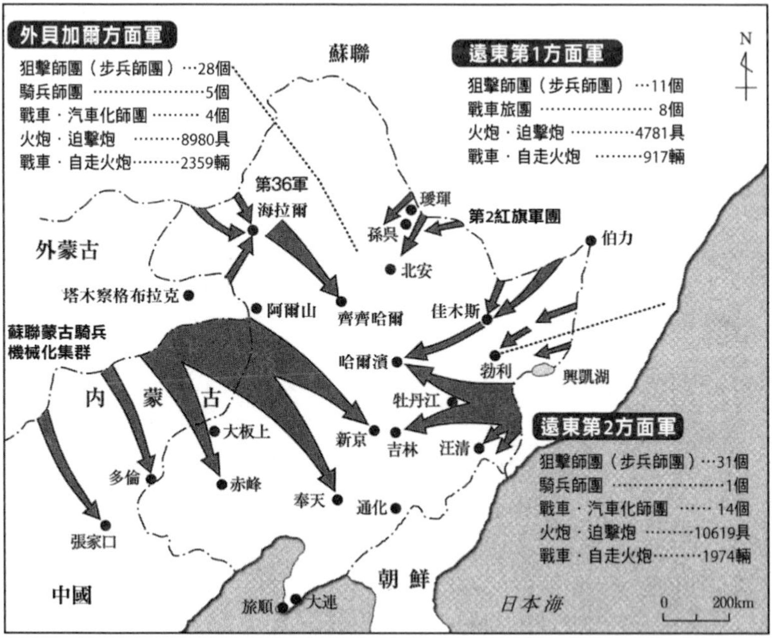

參考《圖說 滿洲帝國》（河出書房新書）製作

能跟這些人同一國」。這是我的內蒙古友人提出的說法。

蘇聯在和德國的戰爭中，損失二千萬條人命，幾乎耗盡金錢和武器。即便如此，由於對日本的畏懼，故在蘇聯東側邊界聚集了精銳部隊，揮軍進入滿洲，而為所欲為，想必是極盡偷盜和殺人之能事。在此過程中，當地中國人不可能會相信蘇聯人的吧。

當然，在蘇聯軍攻打滿洲中，最為首當其衝的就是日本人的開拓村落。面對從國界地區進到滿洲的蘇聯軍隊，駐守於國界附近的日本軍隊，無視解除武裝的命令，而以殉身的覺悟去作戰。許多日本士兵抱持著「想守護日本人」的心情，抱著地雷對蘇聯戰車進行突擊，因而殞命。

日本歷史的通說是，蘇聯由於研究過美國和日本的戰鬥，早已對這類殉身突擊有所防備，故而這些突擊沒有太大意義。但是，有一位中國軍人徐焰指出，此舉至少多賺取了兩天時間。

我在二〇〇〇年時，曾經從哈爾濱搭乘臥舖列車，沿著舊東清鐵路到達滿洲里，再從那裡進入諾門罕古戰場，參訪海拉爾遺跡。現在那裡已經成為觀光地，不過，過去日本軍隊建造的水泥地下要塞，還留有「逃生口」、「消防栓」的日語指示。那個地方，四處散發出日本軍隊希望擋下蘇聯軍隊的急切感，無奈的是，對手畢竟有一百七十四萬大軍，最後功敗垂成。

蘇聯軍隊不費吹灰之力，便突破日軍防守，一邊虐殺眾人，一邊到達城鎮。一進入城鎮，就大肆搜刮財物，也是在那個時候，蘇聯才分得出作為戰敗國國民的日本人和中國人之間的差別吧。

日本真的相信蘇聯居間調停的和平嗎？

日本直到蘇聯攻入滿洲之際，都還和蘇聯進行著和平談判。以現在來看，日本對那樣的談判抱持的希望未免過大，但是當下日本是真心期望著和蘇聯的和平談判的。

一九四五年四月，蘇聯宣布日蘇中立條約無效。不過，由於條約期限是到一九四六年，日本遂以中立條約依然有效的立場，持續對蘇聯進行和平談判。在那樣的情況下，還想著可以和史達林達成交易，從外交常識來看未免錯得離譜。

考量到歷史上滿洲事變和滿洲國真正帶來的教訓，此刻，正是必須活用日本政治的時機。因為日本向來懦弱，當對手步步進逼時，外交上就必須做些什麼來因應。就在這不斷因應的過程中，國家走向無法回頭的深淵。滿洲國在建立之時和失敗之際，也都是如此，一切都是日本中央政治不好的錯。派閥之間利益分贓糾葛，即是問題所在。

我覺得，現在的日本並沒有比當時好上多少。像滿洲事變一樣的事情，甚至有可能以更糟的形式再一次發生。

不是滯留西伯利亞 而是滯留共產圈

蘇聯擔心日本在自己參戰前投降將減低自己的發言分量，於是在得知美國的原子彈計畫後，提前了預定計畫，而於八月八日以日本違反日蘇中立條約為由，向日本宣戰。八月九日，下令駐守於蘇滿國界的一百七十四萬遠東蘇聯軍開始進攻，同時也進軍南樺太和千島。

日本在八月十五日投降後仍持續戰鬥，直到八月十九日，日蘇兩國才終於在東部蘇滿國界附近的興凱湖進行停戰談判。但是，對於已經解除武裝的日本軍，史達林仍下令移送五十萬名日軍俘虜到蘇聯，強制他們勞動。

蘇聯連已經離開軍隊的男子，也要強行移送。日本俘虜受命撤除滿洲產業設施的各種工作機械，搬送至蘇聯，並在八月下旬開始，日俘也被移送至蘇聯領地內。根據現今日本政府的統計，遭移送的日本人總數為五十五萬五千人，另有一說是，實際上移送了將近七十萬人。

日本人滯留者被當作勞動力，以復興因大戰而荒廢的蘇聯，而被遣送至西伯利亞地區、中亞和高加索地區，受強迫而從事礦山、鐵路、道路建設、工廠、石油化工、森林採伐等重度勞動。約略六十萬名的滯留者中，有一成亦即六萬人在極度惡劣的飲食條件及重度勞動中過世。這就是所謂的「西伯利亞滯留」。

最近我才聽說，有大學生聽到「西伯利亞滯留」，還以為是恐龍中的「翼龍」㊳。戰後的日本，真的是一點都不重視自己的歷史，也不教導真實的歷史。

不過，我說的「西伯利亞滯留」，其實也是錯誤的。其理由在於，日本人俘虜不只被送到西伯利亞，還被送到蒙古人民共和國、朝鮮、烏茲別克、窩瓦河、高加索地區等地。應該稱為「蘇聯滯留」或「共產圈滯留」才是。

就這樣，戰後的日本掩飾了真相，言語上也矮小化了。亦即，對左派分子而言，蘇聯做的壞事要盡量輕描淡寫地帶過。而且，接受蘇聯的精神改造回來的人很多，滯留者中也有不少人改宗共產主義。他們愉快地談論著「南京大屠殺是確實發生過的」、「都是日本不好」，並以此滿足。

有一種症狀叫做「斯德哥爾摩症候群」，例如乘坐在被劫機的飛機上的乘客，為了脫險而本能地變得親近犯人。日本人誓言「日本遭受到原爆，是因為日本人就是這麼邪惡，活該受到懲罰。不應該再犯第二次相同的錯誤」，也是斯德哥爾摩症候群的一種表現吧。

一九四五年八月十九日日本和蘇聯之間達成停戰談判後，二十三日史達林下令移送日本俘虜、強制勞動而開始的「蘇聯滯留」，完全違反了日蘇中立條約、波茨坦宣言、停戰協定等三個國際法。然而最近，俄羅斯的梅德維傑夫總統主張九月二日是正式終戰日期，故而日本人的滯留、蘇聯入侵北方領土等事發生於終戰之前，而是正當的。對此，為什麼日本不抗議呢？

蘇聯為什麼釋放日本人滯留者？

滯留在蘇聯的日本人，據說有六十萬至七十萬人，實際數目還不能查明。當中有一萬二千人被送到蒙古人民共和國去，一千六百人死亡。

蒙古繼蘇聯之後，在八月十日對日本宣戰，故而根據一九三六年簽署的蒙古－蘇聯相互援助條例，得到分配俘虜的權利。

儘管戰爭已然終結，蒙古仍然強制日本俘虜勞動，是將此等同於一九三六年哈拉哈河戰爭（諾門罕事件）等日本一連串侵略的賠償。最初預定遣送二萬名俘虜到蒙古，不過由於當地住宅、衣服、糧食不足，最後只送了一萬二千人就停止遣送了。後來直到一九四七年十月，這些俘虜才被遣返日本。

蒙古之所以有必要強制日本俘虜勞動，是因為當時蒙古剛受國際承認其獨立，而需要實行整頓首都之大型建設計畫之故。日本人俘虜參與建設了烏蘭巴托中心區的建築，例如圍繞著蘇赫巴托爾廣場（Sükhbaatar Square）的政府辦公大樓、國家歌劇院、中央圖書館、外交部、領導人官邸、國立大學等。日本人從事挖土、燒磚等工作，從建築的地基開始打起。不過，由於日本俘虜只待了約兩年就被遣返日本，建築內部及裝潢等工程，是由其經濟互助委員會（Comecon）的夥伴東歐及中國勞工所完成的。

在蒙古的日本人俘虜，兩年間死亡一千六百人，超過一成，是由於此際仍以游牧業為主的蒙古，沒有系統或經驗可以為如此大規模人群立刻備妥衣服，並配給糧食。分散於好幾處的日本人墓地，在一九七二年日本和蒙古建交前後，才由有志人士開始前往參拜，並在九〇年代蒙古民主化後，進行了大規模整理。

後來，蒙古詢問如何回報其最大援助國日本時，日本方提出，想將在蒙古的日本人墓地裡的遺骨帶回國。試掘後發現，因為凍土的關係，遺骨沒有白骨化，還在當地進行火化，才帶回日本。

話說回來，一九四五年十一月，日本政府得到情報，得知關東軍軍人被帶到西伯利亞被強制進行勞動。隔年五月，日本政府透過美國開始和蘇聯交涉，同年十二月，終於達成有關遣返日本人滯留者的美蘇協定。

十二月八日，從納霍德卡（Nakhodka）出港的第一批遣返者，總計五千人，進入舞鶴港。此後，遣返逐步進行著。載著包含受刑者在內的最後一批西伯利亞滯留者的遣返船進到舞鶴港，已經是一九五六年十二月的事了。我認為，這是日清戰爭開啟的日本和滿洲關係的總結，故而將本書副標題訂為「一八九四年－一九五六年」[39]。

滯留者之所以被歸還於日本，一般咸認為是因自鳩山一郎[40]、河野一郎[41]進入克里姆林宮從事交涉之故，不過這不是事實。也有說法認為，鳩山一郎等人毋寧說是添了亂。實際上，是美蘇交涉促成了滯留者的歸還。

日本人俘虜回歸日本一事，即是日本人對美國人有好感的理由之一。不只對滯留蘇聯者如此，即便是滿洲國滅亡之際，美國也徹底實行了將留下來的日本人遣返日本之事。美國與當地的國民黨合作，徹底調查日本人名簿，無論人在多偏僻的內陸地方，都找出來，在提供物資支援的同時，也以美國船隻將他們送回日本。當然，這有一部分是美國的戰略考量，不希望有任何一個日本人留在大陸。但是即便如此，美國畢竟還是做了這樣的事，所以即使美國對日本丟下原子彈，大多數日本人還是喜歡美國。

美國將滿洲和朝鮮讓予蘇聯的經緯

終戰前夕，在一九四五年二月召開的雅爾達會議中，蘇聯以對日宣戰為條件，讓美國、英國認可了其對日利權，包括回收在日俄戰爭中失去的南樺泰、滿洲權益，及合併日本出兵西伯利亞後的千島列島。也就是說，美國小羅斯福總統認可了史達林所提的「回復至日俄戰爭前的領土規模」的要求。

所謂的恢復滿洲權益一項，即是為了旅順港灣與鐵道。這是蘇聯擅自將滿洲視為自己領土的結果，美國並沒有答應，但是蘇聯還是決意佔領滿洲。

繼滿洲之後，蘇聯先後進攻樺太、北方領土、朝鮮等地。其進攻滿洲的可能原因之一，即是國民黨並未好好治理滿洲。和今天的中國一樣，國民黨中賄賂盛行，只考慮自

大戰中的日美鐵路競爭

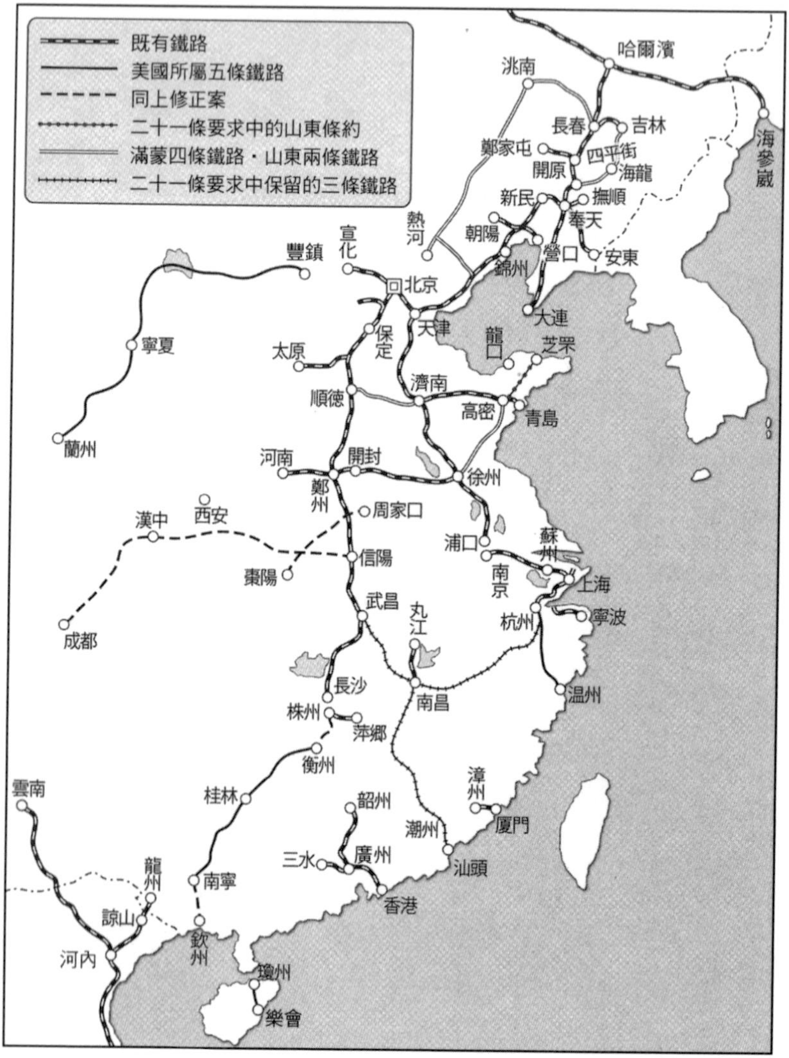

既有鐵路
美國所屬五條鐵路
同上修正案
二十一條要求中的山東條約
滿蒙四條鐵路・山東兩條鐵路
二十一條要求中保留的三條鐵路
哈爾濱
洮南
長春
吉林
鄭家屯
四平街
開原
海龍
海參崴
新民
撫順
奉天
熱河
朝陽
營口
安東
錦州
大連
豐鎮
宣化
北京
天津
保定
龍口
芝罘
寧夏
太原
濟南
順德
高密
青島
蘭州
河南
開封
徐州
鄭州
周家口
西安
漢中
浦口
蘇州
信陽
棗陽
南京
上海
武昌
杭州
寧波
成都
九江
長沙
南昌
温州
株州
萍鄉
衡州
漳州
雲南
桂林
韶州
廈門
潮州
三水
廣州
汕頭
龍州
南寧
香港
諒山
欽州
河內
瓊州
樂會

己。美國可能認為國民黨所代表的中華民國，在國際上算是個穩定國家，但其實他們貪腐成性，幾乎無可救藥。

即便是美國本身，也潛伏了不少共產主義者，可影響政府決策，再加上和日本之間的戰鬥導致美國民生疲弊，所以不再提供國民黨更多支援。

國共內戰的開端

日本戰敗之際，還有一百二十八萬的日本軍隊在中國，加上汪兆銘政府軍七十八萬人，總計有二百萬軍隊成為接收對象。

在延安的共產黨司令部，接受了敵方日軍的投降、並下達「解除日軍武裝」指令。同時，為了呼應蘇聯的紅軍，以舊東北軍[42]為中心的部隊從齊齊哈爾進入熱河。

另一方面，由於蔣介石軍隊身處重慶，困在四川深山中，在接收時機上大幅落後，雖下達「軍隊在中央作出決定前不得輕舉妄動」的命令，共產黨軍隊卻不當一回事。於是，蔣介石在對日本軍在中國的最高司令官岡村寧次傳達投降勸告命令後，要求「日本軍應暫時保有武器和裝備，保有現行體制。維持駐在地區的秩序和交通，靜待中國陸軍總司令何應欽的命令」。亦即，蔣氏給予日軍「阻止共產黨軍隊入侵」的任務。

搶先進軍滿洲的蘇聯軍隊，將從日軍處接收來的武器中還能使用的部分，以滿鐵運至蘇聯，剩下的則給中國共產黨。即使如此，史達林對毛澤東還是以恩人自居，毛澤東亦無法違逆這個權力關係。此際，史達林指定高崗成為中蘇之間的牽線人，讓其擔任東北地區的領導者。

美國對此情況也沒有袖手旁觀，一九四五年八月，為了在蘇聯可能的入侵中保住北京和天津，遂從華北送來五萬三千人的美國海軍部隊。又，美國空軍從廣東、福州、廈門、長沙的機場，以飛機空運八萬名國民黨軍隊，前往上海、天津、北京、長春、奉天和哈爾濱等地。

因蘇聯封鎖了大連港口，阻止了國民黨登陸。國民黨只能轉而從秦皇島登陸，並於一九四五年十二月進入山海關[43]，但這時，共產黨軍隊已經進佔滿洲一百五十四個縣、七十個左右的都市，蘇聯也無視約定期限，而拒不撤退。

蔣介石的國民政府，在八月十四日於莫斯科簽署了中蘇友好條約，二十四日交換批准文書。然而，這個時候蘇聯軍早已壓制了滿洲，史達林反對國民黨軍進駐當地。那是由於，蘇聯軍打算將從日本軍那裡沒收來的武器彈藥，不給國民黨，而是給予共產黨。

在所謂的國共內戰中，最後是由共產黨控制了包括滿洲在內的中國全土。不過，早在終戰之際，二者間已經展開一進一退的攻防戰。

在滿洲，國共兩黨勢力一直到一九四八年都還在互相對抗。雙方爭奪目標中最重要的鞍山鋼鐵公司，是原來的昭和鋼鐵製造所。只要掌控了鐵材，就能取勝，故而雙方展開激烈爭奪。首先，蘇聯在一九四五年八月二十一日接收了鞍山鋼鐵公司，並於隔年一九四六年二月、三月間轉手予共產黨。不過，國民黨軍隊四月時將之奪走，五月二十五日共產黨軍隊又再次奪回。不久，國民黨軍於六月奪回，一九四八年二月十九日共軍又奪回，同年十月十六日國民黨軍奪回，十月三十一日共產黨軍再奪回，雙方就像這樣，不斷進行著激烈的爭奪戰。

蘇聯進攻滿洲與毛澤東

終戰之際蘇聯入侵滿洲一事，令蔣介石大為吃驚。蔣介石身為中國代表，認定關於中國的事務都會找自己洽談，沒想到蘇聯卻任意妄為起來。如同前文所述，蔣氏雖然急忙請美國協助，運送國民黨軍隊，但是由於蘇聯封鎖了港口，而使國民黨軍止步於滿洲門外。

不過，蘇聯即便入侵了滿洲，也無法進到萬里長城南部。不管怎麼說，這裡駐有被傳為「世界最強」的岡村兵團一百二十八萬大軍。雖然蘇聯在遠東地區也準備了一百七十四萬人的軍隊，但是史達林還是因為畏懼日軍，而沒有越過長城。

蘇聯的強大，吸引了毛澤東加入其陣線。此外，毛澤東是那種使用人海戰術，犧牲再多中國人他也沒所謂的人。朝鮮戰爭㊹中，美軍裡的美國人有些本是同情或擁護共產主義者，但在戰場上，眼見共產黨如此輕率地對待自己的國民，遂轉而厭惡共產主義了。

毛澤東送到朝鮮戰場上的軍隊，原來大多是國民黨軍隊淘汰的兵員，或是原來的內蒙古軍、滿洲國軍等。讓自己不要的軍隊在前線衝鋒陷陣，這是從成吉思汗以來都沒有改變過的事。

被傳是假冒者的金日成

一九三七年，由於從滿洲越過國界、襲擊朝鮮領地的事件，抗日游擊隊金日成一時間聲名大噪。但是一九四五年終戰之際，出現在朝鮮民眾面前的金日成，面容變得太過年輕、朝鮮語不流利、演說能力也變差了，於是有些人開始懷疑，所謂的抗日游擊隊的金日成是不是另有其人。

曾參與抗日游擊隊的金日成，參加過南滿洲朝鮮革命軍的抗日武裝團。一九三二年進入中國共產黨後，加入中國共產黨所指導的抗日游擊隊組織「東北人民革命軍」。一九三六年，他成為重新編制的東北抗日聯軍隊員，曾經對朝鮮咸鏡南道普天堡發動夜襲。

在此之後，日本軍開始了大規模討伐作戰。於此過程中，擁有二百多人的金日成的部隊曾將滿洲警察部隊「前田隊」全滅。但所謂的前田隊，其成員幾乎都是朝鮮人。

經過日本巧妙的招降以及討伐，東北抗日聯軍陷入崩解狀態，一九四〇年，金日成在沒有黨高層的許可下，帶著十幾人逃到蘇維埃聯邦的沿海州。其後，他被編入蘇聯遠東戰線中的特別旅團，擔任第一大隊長，據說還在伯力野營地接受了訓練和教育。

朝鮮的金日成主席，一九一二年生於平壤西部，一九一九年三一獨立運動的隔年移居南滿洲。上述記述在年齡上姑且算是吻合，但是指稱「金日成『抗日鬥士』的名氣是詐騙」這一說法，出現得也很早。於日本統治下的朝鮮半島原來流傳的金日成將軍之傳說，則說他畢業於日本陸軍士官學校，活躍於義和團事件至一九二〇年代的期間。

原來的抗日游擊隊員也有不少人證明，現在的金日成其實是另一個人。然而，質疑金日成是假冒者的人們，都相繼遭致殺害。

從事內蒙古獨立運動的德王之命運

毛澤東為了避免和日軍戰鬥而消耗戰力，直到一九四五年為止，都待在延安，保存兵力。共產黨真正的目標是要和國民黨對戰，為此，毛氏還會嚴厲斥責認真與日本軍戰鬥的部下。

隨著終戰，共產黨從延安進入到滿洲。原來在延安時，因為地近蒙古人的所在，毛澤東一開始很害怕蒙古人，而常常奉承他們。同時，共產黨也培養了幾名蒙古人，例如烏蘭夫，蒙古語意思是「紅色之子」。烏蘭夫後來成為內蒙古自治區政府的主席。

內蒙古中部地區很早就開始有自治運動，當中有一位德王，在滿洲國建立時還和溥儀見過面。德王在滿洲國建國後，與日本合作，並接受了日本的軍事顧問。日本軍還捐贈了一架飛機給他，命名為「德王機」。德王以日本為後盾而成功地從國民黨統治下獲得自治，熱心地在蒙古整頓教育、守護牧地、推動近代化。

日本戰敗之際，擔任蒙疆政府元首的德王身處張家口。他讓許多日本人先搭上火車逃走，接著動身前去見蔣介石。日本人對於曾二度赴日而得到天皇關注的德王，只認為他是接受日本贊助的傀儡。然而，德王在滿洲國建立之際，也從蔣介石那裡接到了「自己保住性命」的指令，也就是說，他其實在日本和國民黨之間「腳踏兩條船」。可是，即便蔣介石自己也並不討厭日本，德王受到日本贊助之事，未必一定是謊言。

德王在終戰時再次前去面見蔣介石，在國民黨統治下開啟重建內蒙古的計畫，直到一九四九年為止，都還舉行自治會議，不過在共產黨勢力大增後，他便將部下送到美國或臺灣，自己也逃往烏蘭巴托。然而，德王卻在烏蘭巴托被逮捕，長男被以日本間諜的名義處死，他自己則被送還中國，被投入監獄，被迫寫了悔過書。最後，他因為重度肝癌而獲得特赦，在呼和浩特和家人一起度過生命最後的兩三年。

到現在，內蒙古的人們依然將德王視作真心為蒙古努力的英雄，不過並未公開表示。移居美國的一個德王部下，是岡田英弘氏的朋友，曾被邀請到東京外國語大學待一年，以漢文書寫回憶錄《我所知道的德王與當時的內蒙古》。該書上卷，以古老字體的漢字進行照相排版，相當耗費資金。因此，下卷改由電腦打字，橫式書寫，和上卷形式大不相同。上下兩冊，皆由東京外國語大學亞非語言文化研究所刊行。

每當有內蒙古留學生到來，大家都想要那套書籍，一直贈書之下，最初印的幾百套幾乎送完，我自己手邊都只剩兩三本。他們回到中國時，為了避免海關發現，都一冊一冊地藏在皮包底部。那套書在內蒙古可以說是必讀文獻。

最近，在中國內蒙古自治區，終於出版了盜版。那是用日本版本擅自刊印的，我們託留學生買來一看，比我們在日本印行的版本多了不少照片，都是當地收藏的照片吧。

出版此一盜版書籍的書店老闆，在呼和浩特被捕入獄，但一週後就出獄了。這顯示內蒙古政府對這本書的出版，其實是樂見其成的。不過是為了向北京交差，姑且逮捕老闆做個樣子，而後又馬上釋放他。這是蒙古人討厭毛澤東和中國共產黨的一個小故事。

國共內戰的實情

國共內戰中，率領國民黨的蔣介石，其實不是一個了不起的掌權者。他原本只是多名領導者中的一人，不過是因為拿著歐美資助的金錢四處發送，看起來才像最高領導者罷了。實際上，蔣介石完全不是實力派，反而處於腹背受敵的狀態。

相對於此，另一方領頭者的毛澤東則受到蘇聯支持，而蘇聯支持毛澤東的力道又比美國給蔣介石的支援還要強，例如在滿洲，就是由共產黨壓下國民黨。史達林從俄羅斯革命時起，就決定將中國納入共產圈，支援中國以打擊日本，並堅持於此道。美國則是為了稱霸於戰後的世界，連在遠東地區也要多管閒事，對蔣介石的支援也不是那麼認真。

控制了滿洲的共產黨，接著以蘇聯為後盾、以滿洲的財產為基礎而揮軍南下，進行中國國內的肅清行動。在南方的軍閥被以政治手法相繼清除之下，所謂的國共內戰，就不是我們所想像的、跟日本戰國時代一樣的情況。

共產黨逐步稱霸中國的過程，完全沒有人清楚。這是因為，毛澤東有意對外掩飾內情。中國的慣例是由最後的勝利者暢所欲言地書寫歷史，中間的過程往往被省略。例如毛澤東每次和史達林見面時，都不帶部下，最後甚至連翻譯都不帶，徹底杜絕洩漏自己弱點的一切可能。

打輸的蔣介石一方，則陸陸續續有逃出來的人出版回憶錄。如果想瞭解國共內戰的實情，就只能仔細收集那樣的資料了。

高崗是何許人也？

中華人民共和國草創之初，有高崗這麼一位人物，和毛澤東、朱德、周恩來等人並列。他被傳說為史達林由上而下地安排為中國共產黨幹部的大人物，充滿謎團。

高崗在一九〇五年生於陝西省。他的簡歷上，記載著他加入中國共產黨，在一九三〇年代第一次國共內戰中，參與建設西北根據地，第二次國共內戰時則在滿洲活動。在一九四五年第七次黨中央委員會第一期全體會議中，被選為中央政治局成員，當上東北人民政府的最高負責人。一九四八年，訂定「蘇聯・東北人民政府貿易協定」㊺。簡單而言，高崗是蘇聯仿效朝鮮金日成的存在而特意打造的人物。

如同前述，蘇聯在日本戰敗後，立即將溥儀及其弟溥傑、張景惠等滿洲要人，全部帶到伯力去，是想要在滿洲建立一個以溥儀為元首的蘇聯傀儡國家。然而，可能因為沒有可以指導溥儀的人物，於是選上高崗以接替溥儀。由於幾乎沒有相關資料，上述的可能只不過是我個人的推測。

然後，史達林過世隔年的一九五四年，高崗就被毛澤東點名批評，最後自殺。畢竟高崗是服從於史達林的人，毛澤東想除掉他也是可想而知的。

史達林與毛澤東

這個時候的中國和滿洲的歷史，完全是史達林和毛澤東之間的權力鬥爭史。一九五〇年，毛澤東為了得到蘇聯的援助，而將滿洲、新疆出賣予蘇聯。也就是說，這時候的滿洲並非中華人民共和國的領土。

一九五〇年二月，中國和蘇聯締結新條約。在秘密附屬文書中，記載著中國提出借款三億美元的要求。不過，借款被分割為五年分，中國第一年實際入手的金額，扣掉過去買進貨物的份額後，只有二千萬美元。毛澤東用這筆借款向蘇聯買進武器，交換以滿洲、新疆地區劃歸為蘇聯的勢力範圍，並且中國同意蘇聯在這些地區的獨佔權利。

毛澤東將中國可供輸出資產的大半部分，都讓渡給蘇聯。到一九六〇年代中期為止，中國天然資源出口量的百分之九十，實際上是由蘇聯掌握，毛澤東則拼命地隱瞞此事。在中國內部，毛澤東自己也稱呼滿洲、新疆為「殖民地」。

史達林與毛澤東幾乎在同一時期掌權，彼此不時相互爭吵，就像日本妖怪故事中狐狸和狸貓化身競賽一樣，棋逢對手，互不相讓。

共產黨於一九三四年開始長征，一九三六年進入延安。到達延安之際，毛澤東已經打敗黨內

史達林

其他有威脅的對手，掌握了絕對權力。史達林在一九三一年滿洲事變時還沒有自信，要到一九三七年左右，才完成肅清行動，勝出並掌權。

史達林與毛澤東既有兄弟情誼，又常想欺騙對方，處於一種緊張關係。毛澤東是少數能讓史達林生氣的人物之一，也被史達林稱許「是個了不起的人物」。

在張戎所著《毛澤東：鮮為人知的故事》一書中，寫著一些有點像謊言的毛澤東的軼事，也包含當時的事情。不過，出身四川省的張戎，對滿洲事務未免也太無知。因而在《毛澤東》中，關於政治情勢的描寫就弱了一點。她也沒有寫到，毛澤東在朝鮮戰爭中的目的，其實是想引出史達林的援助。她在書裡更遺漏了滿洲的事情——中國在朝鮮戰爭中之所以出兵，還有確保滿洲此一目的。旅順、大連港、中東鐵路（原東清鐵路）等，此前都一直屬於蘇聯，所以毛澤東想藉此奪回來。

毛澤東

以朝鮮戰爭為中心，金日成、毛澤東、史達林三人彼此的關係非常複雜。金日成雖然拜託史達林協助攻打大韓民國（南韓），卻遭到拒絕。於是金日成轉而拜託毛澤東，讓毛氏同意予以援助。

開戰之後，蘇聯為了將美國引入朝鮮戰爭，特意從聯合國安全保障理事會缺席，從而令聯合國軍隊的參戰決議更容易通過。美國的參戰，是史達林、毛澤東都希望的事。史達林在和毛澤東談過後，將參戰事務全面委由中國軍隊進行。毛澤東為了賣史達林人情，得到蘇聯的援助，而令自己的軍隊展開人海戰術。對毛澤東而言，在國內殺多少人也都無妨，更何況手上握有不少想犧牲掉的軍隊，問題就只有：到底要賣史達林多大的人情。

然後，朝鮮戰爭的結果，令毛澤東在得到滿洲之外，又多達到一個目的。史達林在朝鮮戰爭期間去世，以赫魯雪夫為首的後繼者，根本不是毛澤東的對手。赫魯雪夫批評史達林，提出了兩國和平共存政策，毛澤東則批以「東風壓倒西風」，中蘇對立於焉開始。毛澤東之所以稱赫魯雪夫為「修正主義者」、批判蘇聯是「社會帝國主義」，也是為了表明，在史達林去世之後，共產世界主導權屬於自己。

日本的未來應向歷史學習

儘管如此，許多從滿洲回來的日本人——從文學家、小說家、電影導演到女演員等，都是一副左派分子的樣子，實在令人看不下去。

從反政府的立場來看，知識分子原就對馬克思主義高唱平等的主張懷有好感，加上厭惡對日本丟下原子彈的美國，以及迎合美國的日本政府，他們容易轉而稱許中國、蘇聯和北韓，這就是戰後日本的景象。

即使是專攻東方歷史的大學教授，也有很多人按照在學校所學的，真心地主張日本做了壞事。他們從年輕時就相信社會主義理想，到現在依然沒有改變，認為社會主義的失敗，僅止於經營方式不好而已。

就算對這些人說「正是這個理想很奇怪，才會引起淺間山莊事件㊻那樣的事情」，他們也會回說：「那些事情的發生，是因為實行者能力不好的關係。如果好好去做，事情的結果就會不同。」這大概是到死前都不會改變的吧。

這群人想的是全體平等的烏托邦，大概會主張「日本不擁有軍隊才是理想的。若是被人攻打，就大家一起死去。被殺死總比殺人好」。

我覺得，日本超過六十歲的世代就像這個樣子，完全無法信賴。要是三十歲、四十歲的人不好好努力，日本就真的沒救了。至於二十歲的年輕人，大多想著「我不知道什麼戰爭的事，跟我沒有關係」，這是教育的問題。

我想，過去逐漸被淡忘是理所當然的，毋寧說被淡忘掉才是好的。所謂的個人經驗，其實起不了什麼作用。個人經歷過的事情，明明是很渺小的事情，卻要將之普遍化，強行套用在一切上，會讓人非常困擾。我們真正需要的不是那種個人體驗，而是經過認真研究的歷史。

日本的滿洲經驗令人擔心之處，在於各人將各自的經歷帶回日本，反而扭曲變形了。正因如此，我認為個人經驗還是被淡忘會比較好。大家常說「不經百年，不成歷史」，那是指只要相關人士都離開人世，就比較能持平而論地書寫歷史了。

就像這樣，所謂的滿洲史，是由各式各樣的經驗和歷史緊密交織而成的。日本的親中派中，心裡想著「對中國很抱歉，想為他們做些什麼」的人，大多是有著個人經驗的人。戰後主張「日中關係正常化，恢復邦交」者，則多是去過滿洲的人們。他們無法以公平的角度看日本和中國，也沒有學到真實的歷史。

以我來看，不教導眾人日本在戰前經營臺灣和朝鮮半島，還去過滿洲等事，是錯誤的。日本近現代史的教科書中，不在一開始的地方就把大東亞共榮圈的地圖放出來，並教導學生「這片地區以前都屬於日本」，也是不行的。

抹殺過去曾經存在的事實，是很奇怪的舉動。付錢給中國和韓國，而說「什麼都不用說了，就讓過去一筆勾消吧」，更是絕對不行的。但日本卻正是一直以來，什麼都不說明。中國明明沒有自由，連國民國家都算不上，日本卻自己扭曲自己的歷史、付給中國特權階級大筆金錢，連帶影響了中國少數民族遭受欺凌，這樣的結果真的是很荒唐。

若是滿洲國持續下來

我有時會想，如果滿洲國就這樣一直持續下來，可能又會產生另一個嶄新的日本也說不定。滿洲國是眾人積極建立的國度，和透過戰爭殺死人奪來的土地不同。

以我之見，滿洲國若是繼續存在，日本人也會改變。讓成為日本中央政府職員的人，不管意願為何，最初三年都以研習形式到滿洲任職，這麼一來，能更瞭解世界事務、拓寬視野，想必是很好的訓練。

日本人就像開拓北海道時一樣，拼命努力地開拓滿洲。滿洲是多民族進出的土地，和日本的風土人情完全不同，這可以讓日本人受到很大的刺激。戰後，直接體驗到滿洲生活的人們回到島國日本後，其中情感強烈的人發揮其進取心，在社會中很是活躍。以藝術家而言，「從異國歸來」成為賣點之一，成功者大有人在。

因此，有不少書籍都是回顧在滿洲生活的美好。但是，一被中國人否定一切後，所有的美好感覺都難以浮現。對實際去過滿洲的人而言，無法接受讓滿洲國發展的努力被那樣負面批評。明明是日本人開拓了原本一無所有的地方，投入資本、使其近代化，若是沒有滿洲國，中華人民共和國也不會像現在這樣近代化。再怎麼說，戰後初期的中國工業產品，九成都是出自滿洲的。

中國在改革開放前的四分之一世紀中，是藉由滿洲的遺產促成了近代化的。工業自不待言，其他例如大學、醫院、太空探索、電影產業，無一不是始於滿洲。滿洲獲得近代發展的這段期間，中國南方正處軍閥鬥爭，共產黨則極盡破壞農村之能事。毛澤東之所以說「控制滿洲，而後才能控制天下」，正是基於此背景。

從滿洲回來的多數日本人，回到祖國後，因為必須融入村里生活，而很少提及在滿洲時的事情。從鄉下村莊出來到滿洲的人，大多原本生活水準較高。所以當他們一身襤褸地回鄉，村裡的人會說「不是早就告訴你了嗎」，視以輕蔑的眼神。對於在一九四四年左右，因為空襲而捨棄危險的故鄉、改投奔相較安全的滿洲的人們，更是不會有好臉色。這樣的逆轉現象時而有之，只有去過滿洲的人們才能明白。

日本因日俄戰爭的勝利而取得租借地關東州之際，只有上層日本人才能到那裡工作。其後，滿鐵開發滿洲時，薪水給得高，職員住宅更全都是配有抽水馬桶的歐美風格建築。日本政府派中央官廳職員前往赴任，他們在物價便宜的外地，賺取數倍於內地的薪水，而能過著高級生活。在此之外，商人、技師、學校教師等有教養者，也去了滿洲。這些人在那裡過著豐衣足食的城市生活，終戰時也多趁著鐵路還能通行時回到日本。

然而，一回到日本後，他們不知道受到了多大的衝擊。廁所要以手動方式掏出穢物，有人甚至覺得「好像回到幾十年前的鄉下」。

不過，去到滿洲的人群中，也有階級差別。剛剛說的都是上流人士，也有比較悲慘的，像是因為在日本過不下去，而整村以開拓團形式移到滿洲、住在滿洲北部接近蘇聯國界處的人們。以國家政策形式被送到內陸的開拓團，終戰時遭到蘇聯軍隊的虐殺，男子更是不管已經離開軍隊，一律被滯留於蘇聯。

為什麼有「偽滿洲國」一說？

滿洲在中國被稱為「偽滿洲國」。那是因為，如果不稱其為「偽滿洲國」，就換成中華人民共和國是「偽」的一方了。這就跟「中華民國不在臺灣」是一樣的道理。因為中華人民共和國繼承自中華民國，不能在中華民國前加上「偽」字，也只能說中華民國已經被消滅。

實際上，所謂的滿洲國才是清朝的後繼國家。清朝的皇帝被帶到滿洲國當元首，如果以中國傳統來看，滿洲國很明顯地是繼承清朝的正統王朝。此外，即使只存續了十三年，但是它在國際上還是相當受到認可。

將正當的事情說成是「偽物」，將存在的事物說成「不存在」，這是從己身正當性受到侵犯的立場而出發的言論。日本人其實沒有必要肯定中國的「偽滿洲國」主張，這實在是對歷史太過於無知了才會這樣。

滿洲國可以說是「後清朝」。當初國名不稱「滿洲帝國」而稱滿洲國，是因為在俄羅斯革命後，主流意見認為「共和國」的形式比較進步。當時世界上越來越多國家的最高元首是總統，特別在日本軍人眼中，強烈地認為「擁戴皇帝而復興王朝有點奇怪」（擁戴天皇的日本是特例）。

現在說起來可能有點意外，事實上軍人中也有許多思想偏左派的人。從二二六事件就能瞭解，青年軍官們就是因為想建立讓貧窮的人們不再痛苦的平等社會，才決意發起武裝政變。

從而，建立滿洲國的時候，軍人對復古的皇帝制度沒有興趣，一開始是溥儀對擔任執政一事妥協。結果兩年後，還是依照溥儀的希望而改施帝政。不過，即便從執政變成皇帝，溥儀還是無法如想像中一般施展權力。這是由於，滿洲國也仿效日本，將權威（天皇）和權力（武士、幕府將軍）分開。權威與權力的分離，是日本歷史中很棒的一點。日本的歷史中，幾乎沒有發生過天皇陛下玩弄權力的事情。

成本與帝國主義

從明治到昭和時期，整個世界處於帝國主義時代。無論是以第一次世界大戰為契機急速成長起來的美國，還是俄羅斯革命後轉為共產主義的蘇聯，都是擴張主義國家，其中蘇聯還對日本虎視眈眈。日本為了守護領土，耗費生命、金錢也在所不惜。在帝國主義時代的安全保障，無法計算成本。若是考慮成本，就無法進行戰爭了。

這點到現在也是絲毫未曾改變。戰後日本之所以還能悠閒至今，是因為美國厭惡蘇聯，雙方互相對抗，日本則在美蘇之間坐收漁翁之利。戰後日本對蘇聯的外交政策，可說是毫不耗費成本，相當難能可貴。我一直覺得日本走運得太過頭，不知道什麼時候會遭到反撲。

多數反美的日本人，都認為日本老是照美國的意思乖乖拿出錢來，但實際上，安全保障是難以估價的高額物品。現在美國人急著要日本加入TPP（跨太平洋夥伴關係，The Trans-Pacific Partnership），世界各國也開始對日本更有好感了吧。

關於日本憲法第九條[47]，在一九五〇年朝鮮戰爭開始時，美國原來是下令要日本建立軍隊的，時任首相的吉田茂卻以此條款為後盾，主張「日本人已經厭倦戰爭，無法建立軍隊」，改為設置警備預備隊（後來成為保安隊、自衛隊），在當時真是一步好棋。

我認為，不讓日本軍隊重建的做法，在當時是很正確的決定。雖然美國軍隊為了贏過蘇聯而打算令日本軍參戰，若是一旦參戰，又要犧牲幾十萬日本人的生命。而即使日本真的參戰，美國也不會真的感謝日本。

要是日本軍隊在那個時候復活了，就會照美國說的去到越南打仗了吧。戰後六十多年以來，日本以現今的憲法為盾牌，為了不往戰爭發展而持續努力，確實確保了沒有一個日本人的生命消逝之事。然而到了如今，那已經成為累贅。日本變成一個連擁有一般軍隊以防衛本國安全也要躊躇再三的國家，真是歷史的諷刺。

日本的媒體常稱日本為「遠東的一個小國」，但是日本明明再差一點就是世界第一的經濟大國了，何來「遠東的一個小國」之說？這些媒體讓人因而小看日本，真的很糟糕。都是媒體這樣的單方面煽動，日本才養成年輕人不想留學、青少年小看自己等習性。

即使如此，日本比起蒙古還是優秀得太多的國家。日本人對此一無所知，真的是會為此而吃大虧。

內疚與責任

戰前，有許多日本人熟知世界戰略。然而，如今卻將此事寫得萬般不好。身為領導者，使詐本就理所當然。即便是美國、中國，也都是靠使詐而穩定國家發展的。例如石原莞爾等人，為了國民、為了讓日本人生存下去而必須熟知世界戰略，就算要推行大陸政策也在所不惜。可是，戰後的日本人卻把這些事都想得很邪惡。

將上述事情視為邪惡，其實是中國人的思考方式。日本人要是跟他們用一樣的方式思考，就很奇怪了。日本在戰後，一味地追隨中國人或美國人的看法，果然是成為別國的屬國了吧。

當初若是繼續長期經營滿洲國而不開戰的話，滿洲國應該能成為像多民族共存的美國一樣的優秀國家。滿洲國建國時期，人口三千萬，經過十三年半增加到四千三百萬。當中增加的人並非都在滿洲出生，有許多是從南方的中國而來。可見當時的人認為，到滿洲能過上比較好的生活。

俄羅斯革命的時候，滿洲國雖然尚未建立，當時卻已經有許多白俄移民進入滿洲。另外，也有不少人從蒙古、朝鮮半島進到滿洲。不難想像，當時的滿洲是何等的充滿希望。

要是沒有後來的支那事變，以及繼之的大東亞戰爭，滿洲國應該能成為今日南美諸國都比不上的優秀國家。若是更努力一點，亞洲大陸上很可能就會出現共產黨治下的中國或是北韓所比不上的偉大近代國家，也說不定。

一直有一些人，因為日本在戰前進行日韓併合、建立滿洲國等事，而對這些地方感到「內疚」。我認為不應該感到「內疚」，而是感到「責任」。這二者看似相近，其實有著一百八十度的大大差異。

以我之見，日本人對現在的北韓、中國有抗議的權利，應該主張：「我們並不是想建設這樣的國家，而是想建立更優秀的國家。明明是希望國民能幸福生活而進行投資，你們卻因為厭惡異民族支配而趕走日本人。難道只要被同一民族統治，就算是被殺死，也會感到滿足嗎？而日本人被趕走之後，你們變成了這種狀態，為什麼呢？」

中國、韓國之所以對日本人努力做過的事大加批判，是因為如果不否定之前的政權，就不能證明自己的正當性。日本人實在沒有必要照單全收。

日本戰敗已經超過六十五年，對於我們曾經以理想而開拓的土地，後續變成什麼樣子，我等日本人有義務一直觀察下去。這不是內疚，而是責任，日本人有責任讓當地成為好國家。究其原因，是因為我們曾將那裡變成日本的一部分，必須負起後續責任。如果各位讀者在讀過這本書後，能有這樣的想法，那就太好了。

後　記

本書為二〇一一年十一月出版的《真実の中国史（1840-1949）》（李白社發行，Business社發售，中文版《這才是真實的中國史》由八旗文化發行）之續篇。從前著出版不久後開始，李白社的稻川智士氏再次擔任提問者，進行和寫作前書時一樣的問答訪談。不過，之後他被前東家FOREST出版社請回去，沒有人接續提問工作，這個企劃也就暫時一段時間停頓下來。

前著到二〇一二年底時，已經六刷，姑且可以說是獲得成功。不過，那是因為有許多一般的日本人想知道此類事情，熱心地向我提出問題，我才做出各式各樣的說明。很多事情是如果沒有人提問，就不會被提起的。

滿洲史比起中國歷史更為棘手。如果談中國史，還能用從外部所見的一貫觀點，循序漸進地來談。但是，滿洲史卻也算是我們的母國日本的近現代歷史。近現代歷史與政治有著密不可分的關係，根據立場不同而能做出各種說明。要客觀地寫一本堪稱公平的書，是一件極為困難的工作。

在我看來，戰後的日本對於過去曾是自家傀儡國的滿洲國，還沒有進行總結、消化。要以什麼角度書寫滿洲歷史才好，我自己也是遲遲無法決定態度，故一籌莫展。正當此時，年輕博學的朋友倉山滿氏自願接下提問者的工作，好不容易才能完成這本書。本書內也介紹了倉山氏的著作，他關於近現代日本及其他國家的分析，實在是精湛得令人讚嘆不已。

與滿洲史相關的作品，以拙著《世界史中的滿洲帝國》（PHP 新書，二〇〇六年）最早，後來以《世界史中的滿洲帝國與日本》（Wac 出版，二〇一〇年）的書名再版。由於該書是將滿洲這塊土地的通史塞到小小的新書版本中，故雖然裡面有些嚴謹的文章，但也是可以做為教科書使用的。若是與本書對照著一起讀的話，可以發揮基礎資料的功效。

丈夫岡田英弘氏於去年（二〇一二年）十一月因急性心臟衰竭而住院，所幸今年二月已經出院，現在正在家中療養。今年一月，他年滿八十二歲。每次在駒込的岡田宮脇研究室進行問答時，他總是坐在我旁邊，一直陪著我，出院之後也協助校對工作。一如既往地，這次他也好好地完成了監修者的任務。

如今，自民黨的安倍政權上台，日本也終於準備開始徹底修正戰後以來的歷史教育。然而，要將以教科書為首的、具有壓倒性數量的自虐史觀出版物裡面的謊言，一個一個地暴露出來，需要龐大的時間和精力。但是，若是不這麼做，我們日本就沒有未來。雖然本書還有諸多不足之處，但希望能為日本迎來更好的將來，稍微做出一些貢獻。

二〇一三年四月

宮脇淳子

註　釋

①「風若吹起桶子，工匠就會賺大錢」：日本俗語（原文為「風が吹けば桶屋が儲かる」），意指「某現象接連引起連鎖反應，終致意想不到之結果」。

②對義經的惻隱之心：最早源自日本平安時代末期，對在源平合戰中立下戰功、卻被逼自殺的源義經寄予同情的意思。義經為日本所愛戴的傳統英雄之一，其生涯富有傳奇與悲劇色彩，在許多故事、戲劇中都有關於他的描述。日文用「判官贔屓」一詞形容這種「不論是非對錯，便同情弱者」的心理現象。

③日教組：日本教職員組合，設立於一九四七年（昭和二十二年）六月八日，是日本學校教職員之勞動組合團體，具有濃厚的左派意識形態思想，積極參與日本政治。

④參勤交代：指日本江戶時代各藩大名輪流前往江戶幕府供職，為將軍執行政務一段時間，而後返回自己領地的一種制度設計。參勤交代目的是削弱大名的財力，防止他們謀反。

⑤支那事變：中國稱之為「中日戰爭」或「抗日戰爭」，一九三七年發起戰事時，日本近衛文麿內閣的官方稱呼為「支那事變」。戰後，應中華民國政府要求，日本禁止繼續使用「支那」一詞，遂改名為「日中戰爭」。「支那事變」一詞更多作為歷史名詞而使用。

⑥ 滿洲事變：中國稱為「九一八事變」。

⑦ 大杉榮：為日本明治、大正時代的無政府主義思想者、社會運動者、作家，提倡「真正的叛逆」，思想相對激進。

⑧ 乾隆平定準格爾汗國後，從滿洲抽調部分錫伯兵丁，來到準格爾部的大本營伊犁，以移民填補土地空白。這些錫伯部滿洲人，按照八旗建制被分為六個牛錄（後增為八個），組成錫伯營。今日新疆的察布查爾錫伯自治縣依舊生活著來自滿洲的後代。

⑨ 高句麗：政權存續時間約為西元前三〇年代至西元六百六十年代，七世紀被唐王朝和新羅聯軍所滅。

⑩ 高麗王朝：存在於九一八年至一三九二年，在朝鮮半島維持了近五百年，終止於一三九二年李氏朝鮮的建立。

⑪ 東鄉啤酒：芬蘭在一八〇八年至一九一七年受到俄羅斯控制。日俄戰爭中，日本海軍在東鄉平八郎帶領下，「以小擊大」擊敗俄國艦隊。此事給予芬蘭人啟示，在俄國十月革命後獨立建國。芬蘭人於是發行東鄉啤酒，以感念東鄉給予的啟示。

⑫ 聖彼得堡「血腥星期日」事件：發生於一九〇五年一月二十二日，俄國政府對於群聚要求政經社會改革的工人們，展開血腥鎮壓，最後造成一千多人死亡。

⑬ 作者在此為日本辯護，說日本不是為據有遼東半島的野心而發動日清戰爭，這或許符合事實。但作為結果的馬關條約，卻要求割讓遼東半島，只是三國干涉還遼，日本被迫接受。這一點作者卻迴避不談。俄羅斯在干涉還遼後，確實藉此取得在滿洲土地上修築鐵路和租借的利權。

⑭ 諾克斯計畫：一九〇九年，美國國務卿諾克斯（Philander C. Knox）提出滿洲鐵路中立計畫，由列強貸款給清國，使之收購滿洲現有鐵路，並投資建設錦瑷線及日後各線鐵路。

⑮ 羅伯斯比爾（Maximilien F. Robespierre）：為十八世紀法國大革命後實行「恐怖統治」的獨裁政治家。

⑯ 石井菊次郎：日本外務大臣。在一戰前後，主張日本慎重地和英美合作，外交成績斐然。一九一七年，他和美國簽署《石井－藍辛協定》，約定日本尊重美國的門戶開放政策，而美國承認日本在滿洲的特殊利益。石井死於二戰的美國空襲。作者文中的意思是：石井代表了日本官方在外交上對孫文的立場。

⑰ 滿人在二十世紀整體性的消失，大致有幾個階段性的事件：一是辛亥革命的排滿。二是北伐前後各軍閥（馮玉祥、孫殿英為代表）對滿清遺族的驅逐，如溥儀離開紫禁城、

盜掘乾隆和慈禧陵寢等事件。三是滿洲國在戰後的消亡，使得滿洲人在政治上變得更加不正確。這些接續而來的事件，導致滿洲人隱瞞身分，認同弱化乃至消失。滿洲人的消失，通常被視為是漢化的自然結果，但實際上是政治歧視和壓迫使然。中共建政後的一九五二年，官方用滿族替代了滿洲人的概念，視其為中國境內的少數民族之一。

⑱ 作者指的是西伯利亞干涉。一九一八年到一九二二年，第一次世界大戰的協約國，聯合出兵西伯利亞，在俄國遠東海岸登陸，支援俄國白軍推翻在遠東的布爾什維克地方政權。英、美、加拿大等國的干涉軍不足萬人，但日本出兵七萬多人，引發協約國懷疑其動機。一九二〇年協約國撤出俄國後，日本軍隊單獨留在俄國遠東，直到被蘇維埃俄國紅軍擊敗，一九二二年才撤出俄羅斯。

⑲ 在一九一八年日本發生一系列民眾騷動。此時，又因西伯利亞出兵需要軍糧，米價繼續上漲，民眾不滿，終於爆發參與者逾二百萬人的騷亂。導致寺內正毅及其內閣成員引咎辭職。

⑳ 一九一九年，蘇聯外交事務全權代表加拉罕（Lev Karakhan）宣稱，蘇聯將放棄俄羅斯帝國時期和清廷簽署的不平等條約，及俄國和日本關於滿洲、蒙古權益的系列密約。不過，此宣言並無國際法意義，後為史達林所否決。

㉑ 十五年戰爭：所謂的「十五年戰爭」，是日本學者鶴見俊輔將一九三一年「九一八事變」至一九四五年第二次世界大戰結束之間，日本因國內經濟恐慌、國際孤立，以致軍部勢力抬頭、全國進入總體戰體制的一連串過程，統稱為「十五年戰爭期」。

㉒ 「日中三十年戰爭」雖無正式學術論說，據作者之意，可能是有人主張日本、中國之間的對立關係要從一九一七年俄國革命算起，而作者對此表達反對之意。

㉓ 西原借款：為段祺瑞所代表的中華民國政府，和日本簽訂的一系列公私借款，名稱得自日方經辦人、日本內閣總理大臣寺內正毅的私人幕僚西原龜三。掌握中華民國政府實權的段祺瑞（北洋政府），欲借款編練軍隊，日本則為了擴大在中國的利益而增加經濟援助，前後借款一億四千五百多萬日圓。一九二五年，孫中山在蘇聯支持下於廣州成立國民政府後，指責段祺瑞等人「勾結帝國主義」、不償還此筆債務。

㉔ 作者所謂「日本一千四百年歷史」，起算自古墳時代末期（西元六世紀末至七世紀初），將國號正式訂為「日本國」。而「二千六百年」的說法，應是指「皇紀」演算法，亦即從神話中日本第一代天皇神武天皇即位（約西元前六百六十年）算起。皇紀紀年方式帶有政治、國族主義意涵，二戰結束後，使用減少。

㉕ 五一五事件：一九三二年五月十五日，日本帝國海軍少壯派軍人不滿一九三〇年《倫

敦海軍條約》限縮日本軍備，於是闖入首相官邸，刺殺了犬養毅首相。此事件象徵日本政黨內閣結束、軍國主義興起。

㉖ 此處應為作者誤植，《星際大戰》系列電影的導演為喬治・盧卡斯（George Lucas）。

㉗ 聖戰：作者這裡提到的聖戰，特指一九四一年十二月十二日被命名的「大東亞戰爭」，這個名詞包括此前進行的日中戰爭和正在進行的太平洋戰爭。其口號是「八紘一宇」（天下一家、統治世界），目的是驅逐歐美在亞洲的殖民勢力，建立以日本為中心的「大東亞共榮圈」。

㉘ 因滿洲國在建國理想上是「建立平等理想的國度」，故言「反資本主義」。

㉙ 《酋長的女兒》為一九三〇年代起傳唱的日本歌謠，創作背景與日本在第一次世界大戰後領有南洋群島、並發展「南進論」有關，歌詞內有南洋群島的地名和風景。今日已鮮少傳唱。

㉚ 二二六事件：又名「帝都不祥事件」，是一九三六年二月二十六日發生於東京的政變事件。當時的日本正處於邁向現代化的歷程，出現了許多資本主義和政黨政治上的社會矛盾，因此社會主義、共產主義和無政府主義的組織開始抬頭。日本陸軍部分青年

軍官，對政府及軍方高級成員中的「統制派」意識形態對手進行刺殺，最終以失敗告終。

(31) 町步：為日本用以計算山林、田地面積時使用的量詞，當時的一町步約略等於一公頃，亦即一萬平方公尺。

(32) 所謂的「日系」和「滿系」，大致上是外來統治者集團與原來在當地的族群之分。「日系」包括此時日本帝國及其殖民地朝鮮、臺灣等地官民，持日本國籍；「滿系」則包含滿洲人、漢人及其他族群。日系、滿系之分對法律權益有顯著影響。例如滿洲國建立後，為營造「滿洲官員（當地滿人、漢人）為主」形象，任官原則是日系二成，滿系八成，且日系任各部門輔佐副官職位。但是在實際執行上，因產業開發、戰時行政需要相關人才，日系官員比預設的兩成多上不少，各部門實際運作也由日系官員掌握。

(33) 關東州：是今日中國東北遼東半島南部一個存在於一八九八年至一九四五年間的租借地，包括旅順和大連。此地曾根據《旅大租地條約》而由清廷租借給俄國，一九〇五年日俄戰爭後，據《樸資茅斯條約》，該權益轉讓給日本。辛亥革命後，日本和袁世凱政府在二十一條裡確認此項權益。一九四五年二戰結束後，蘇聯再次據有此地，並在一九五二年實際還給中國。

㉞ CIS：亦即「獨立國家國協」，係在一九九一年蘇聯解體後，由白俄羅斯、俄羅斯、烏克蘭等原蘇聯的加盟共和國協調成立的一個區域性政治組織，總部設在白俄羅斯首都明斯克。

㉟ 即「中村事件」。一九三一年六月二十七日，日本陸軍參謀中村震太郎等三人，受命前往大興安嶺東側進行調查，以繪製軍用地圖，但調查行為違反了禁止進入區域的約定。故被張學良部下扣留。中村等人隨即被處決，張學良並下令滅跡。

㊱ 加藤陽子為日本東京大學人文社會系研究科教授，專攻日本近代史，著有《即使如此，日本人還是選擇「戰爭」》（『それでも、日本人は「戦争」を選んだ』，二〇〇九年朝日出版）等書。本書作者在〈前言〉中曾批評加藤氏等人所著反省日本近代史之書籍，一開始就決定批判日本的結論，而只陳列出方便說明的事實，故有此言。

㊲ 奉天會戰：係日俄戰爭中最後的決定性戰役，一九〇五年二月二十日開始至三月十日結束，爆發於清廷在故土滿洲的奉天地域（瀋陽），隨著俄軍的失敗，俄羅斯帝國的勢力被逐出了南滿。

㊳ 日語中，西伯利亞滯留的「滯留」（yokuryuu），與恐龍的「翼龍」（yokuryuu），發音相同。

㊴ 此為日文原書的副標題，本書中文版的副標，根據在地需求做了修改。

㊵ 鳩山一郎：日本第五十二、五十三、五十四任內閣總理大臣，被認為是二戰後日本最重要的首相之一。

㊶ 河野一郎：自由民主黨內的實力派國會議員。

㊷ 舊東北軍：即原由張學良率領之東北軍，一九三六年底張氏發動西安事變迫使蔣介石聯共抗日後，一九三七年即被蔣氏扣押。群龍無首的東北軍陷入內部爭鬥，去向不一，有的加入國民黨軍，有的投奔共黨，如「東北抗日聯軍」。中共於一九三三年組建東北抗日聯軍後，一九三四至一九三六年即「長征」、與東北抗日聯軍失聯。後該軍隊在蘇聯支持下抵抗日本侵略者，才會有作者這裡說的，舊東北軍與蘇聯紅軍互相呼應。

㊸ 一九四五年九月底，美軍軍艦運載國民黨軍，原本準備在大連港上岸，卻因蘇聯軍隊封鎖大連港，國民黨軍隊遂轉從秦皇島登陸，再逐步抵達山海關，與共軍接火。

㊹ 朝鮮戰爭：即發生於一九五〇年至一九五三年間的韓戰。

㊺ 「蘇聯．東北人民政府貿易協定」：即蘇聯代表和高崗所代表的東北人民政府分別在

一九四七年五月、一九四八年十二月簽訂的《哈爾濱協定》和《莫斯科協定》。當時中共正和國民黨內戰決勝天下，需要蘇聯軍事支援，而中共承諾蘇聯承繼日本在滿洲時的特殊利權（包括鐵路、租借地和各種資源）。高崗在一九五〇否定該協定的存在，視之為美國製造的謠言。

㊻ 淺間山莊事件：發生於一九七二年二月，日本極左派武裝恐怖組織聯合赤軍（JRA）在長野縣輕井澤的「淺間山莊」進行了綁架人質活動。事件維持十天，最後在警方攻堅下，以死亡三人、受傷二十七人做結。

㊼ 日本憲法第九條條文為「日本國民衷心謀求基於正義與秩序的國際和平，永遠放棄以國權發動的戰爭、武力威脅或武力行使作為解決國際爭端的手段。為達到前項目的，不保持陸海空軍及其他戰爭力量，不承認國家的交戰權」。要言之，此條文規定日本放棄戰爭、不維持武力、不擁有宣戰權，也令《日本國憲法》被稱為「和平憲法」。

	對日本宣戰。八月九日，美國在長崎投下原子彈，遠東蘇聯軍開始攻擊。八月十日，蒙古人民共和國對日本宣戰。八月十一日，滿洲帝國溥儀皇帝逃離新京。八月十四日，日本承諾接受波茨坦宣言。八月十五日，昭和天皇發布終戰詔書。八月十八日，滿洲帝國溥儀皇帝舉行退位儀式。八月十九日，關東軍、開拓團解除武裝，溥儀、溥傑被蘇聯軍囚禁、帶至赤塔。八月二十三日，蘇聯首相史達林下令將五十萬名日本軍俘虜移送至蘇聯、進行強制勞動
一九四六	四月，中國開始國共內戰。五月，日本政府透過美國展開與蘇聯的交涉。十二月，簽訂有關日本人滯留者回國的美蘇協定
一九四七	內蒙古人民政府成立
一九四八	共產黨軍隊在錦州、長春、瀋陽等地獲勝，控制了滿洲
一九四九	十月，中華人民共和國成立
一九五〇	朝鮮戰爭爆發
一九五一	蘇聯將大連港交予中華人民共和國
一九五二	十二月，中長鐵路（舊滿鐵和舊滿洲國鐵）轉為中國單獨管理（交接業務結束於一九五五年）
一九五六	最後一艘從蘇聯出發的遣返船抵達舞鶴港

年表

一九三四	三月，執政溥儀成為皇帝、改元康德，滿洲帝國成立。十二月，日本設置對滿事務局
一九三五	二月，簽訂《日滿關稅協定》。三月，收購蘇聯經營之北滿鐵路。八月，滿洲銀行結束兌換舊紙幣
一九三六	日本發生二二六事件。六月，簽訂《滿德通商協定》。十一月，簽訂《日德防共協定》；實行滿洲國產業開發五年計畫。十二月，發生西安事件
一九三七	七月，盧溝橋事件發生。九月，第二次上海事變衍生擴大為支那事變。九月，中國結成抗日統一戰線
一九三八	七月，簽訂《日滿義通商協定》
一九三九	五月，爆發諾門罕事件。八月，蘇聯、蒙古軍發動總攻擊。九月，於莫斯科簽訂停戰協定
一九四〇	九月，日本軍進駐北部法屬印度支那，日本、德國、義大利簽訂三國同盟約定
一九四一	四月，簽訂《日蘇中立條約》。七月，舉行關東軍特種演習，日本軍進駐南部法屬印度支那。十二月，大東亞戰爭（太平洋戰爭）爆發
一九四五	二月，雅爾達會議召開。五月，德國無條件投降。七月，發布對日《波茨坦宣言》。八月六日，美國在廣島投下原子彈。八月八日，蘇聯

一九二二	十月，日本軍從西伯利亞撤兵。十二月，蘇維埃社會主義共和國聯邦成立
一九二四	在蘇聯援助下，中國的國民黨、共產黨展開第一次國共合作
一九二六	蔣介石擔任司令官、率領十萬國民黨軍隊展開北伐
一九二七	南京發生外國人流血事件，在上海則是英、美、法、日、義等國軍隊與北伐軍對峙，蔣介石發起反共武裝政變
一九二八	五月，濟南事件。六月，張作霖被炸身亡，蔣介石進入北京。七月，張學良與北伐軍談和
一九二九	七月，張學良強行收回北滿洲鐵路，蘇聯佔領滿洲各地。十二月，張學良與蘇聯談和
一九三〇	五月，在中國共產黨指導下，間島的朝鮮獨立運動派興起武裝暴動，由日中雙方徹底壓制
一九三一	二月，發布驅逐朝鮮人命令。六月，中村大尉暗殺事件。七月，萬寶山事件。九月，於柳條湖爆發滿洲事變
一九三二	一月，關東軍佔領錦州。三月，滿洲國發布建國宣言。日本發生五一五事件。九月，簽訂日滿議定書
一九三三	二月，發生熱河作戰，國際聯盟總會決議不承認滿洲國。三月，日本正式脫離國際聯盟

年表

	於滿洲鐵路接續事宜的第一次日俄協約
一九〇九	六月，伊藤博文辭去韓國統監。十月，伊藤氏在哈爾濱火車站被安重根刺殺
一九一〇	七月，日本、俄羅斯位在滿洲分割各自的特別利益區域而訂定第二次日俄協約。五月，寺內正毅大臣成為韓國統監。八月，日韓併合，設置朝鮮總督府
一九一一	十月，辛亥革命（武昌起義）發生
一九一二	一月，中華民國臨時政府成立，孫文擔任臨時大總統。二月，清朝宣統皇帝溥儀退位。三月，袁世凱就任中華民國大總統。七月，第三次日俄協約
一九一四	七月，爆發第一次世界大戰。英國要求日本參加對德作戰。八月，日本向德國宣戰
一九一五	日本向袁世凱提出二十一條要求。袁世凱恢復帝制，宣布自己成為皇帝
一九一六	日、英、法參與干涉帝政復活的行動
一九一七	俄羅斯革命發生。蘇維埃政府公開聲明帝政俄羅斯時期締結的所有秘密條約失效
一九一八	八月，日本應美國政府提議而出兵西伯利亞。十一月，第一次世界大戰結束
一九一九	一月，巴黎合會召開。三月，共產國際成立。中國發生反日學生運動的五四運動

一八九八	俄羅斯向清國租借旅順、大連，並得到哈爾濱到這些地區的南部支線鐵路鋪設權。清國的變法（制度改革）失敗（戊戌政變），義和團在山東省高唱「扶清滅洋」而興起
一九〇〇	義和團進入北京，包圍公使館區並展開攻擊。包括日本在內的八國聯軍解救外交團。俄羅斯趁此機會進軍滿洲，佔領齊齊哈爾、長春、吉林、遼陽、瀋陽
一九〇二	感受到俄羅斯威脅的英國和日本締結日英同盟。清朝與俄羅斯簽訂歸還滿洲的《清俄密約》
一九〇三	俄羅斯租借朝鮮的龍岩浦，沒有實行滿洲第二次撤兵，於旅順新設遠東總督府
一九〇四	二月，日俄戰爭開戰。簽訂《日韓議定書》、第一次日韓協約
一九〇五	五月，日本艦隊在日本海海戰中獲勝。九月，在樸資茅斯簽訂《日俄講和條約》。第二次日英同盟、第二次日韓協約
一九〇六	日本在遼東半島租借地設置關東都督府。滿鐵（南滿洲鐵路公司）誕生
一九〇七	清國在奉天、吉林、黑龍江各自設置巡撫，成立東三省。七月，韓國高宗皇帝因海牙密使事件被迫讓位，並簽訂第三次日韓協約。簽訂關

年表

一八七四	明治政府出兵臺灣，日清兩國決定互換條約，明記宮古島島民為「日本國屬民」
一八七五	日本和俄羅斯簽訂《樺太・千島交換條約》，約定樺太為俄羅斯領地、千島為日本領地
一八七六	與朝鮮締結《日朝修好條規》（江華島條約），否定清國的宗主權
一八八二	漢城（首爾）發生抗日暴動，閔氏政權崩壞、大院君重新掌政（壬午兵變）
一八八四	圍繞越南保護權而發生清法戰爭。朝鮮樹立親日政權，不過袁世凱率清軍協助重建閔氏政權，日本公使館遭到放火攻擊，金玉均等人亡命日本（甲申政變）
一八八五	日本與清國均自朝鮮撤兵，締結《天津條約》，而決定將來任一國派兵到朝鮮時須知會對方。清法戰爭結束，清國被迫放棄對越南的宗主權。清國在臺灣建省
一八九四	朝鮮發生東學黨之亂。清國與朝鮮都派兵到朝鮮，日清戰爭開打
一八九五	經由《馬關條約》確認朝鮮的獨立，清國割讓遼東半島、臺灣、澎湖列島予日本。然而，由於俄、德、法的三國干涉還遼，日本將遼東半島還給清國，俄羅斯則從清國獲得東清鐵路鋪設權

年表

一八〇九	日本的高橋景保製成〈日本邊界略圖〉
一八〇九～一〇	間宮林藏到黑龍江一帶從事調查，確認樺太是一個島
一八四〇	清國與英國之間發生鴉片戰爭
一八四二	敗於英國軍隊的清國簽下《南京條約》，將香港割讓予英國
一八五一～六四	清國發生太平天國之亂
一八五三	美國東印度艦隊司令官培里率領四艘黑船，航行至日本的浦賀港
一八五四	締結《日美親和條約》以及《日俄親和條約》。劃定擇捉島和得撫島之間為日俄國界，樺太為日俄共有的雜居地
一八五七	發生英法聯軍佔領廣州的第二次鴉片戰爭
一八五八	俄羅斯根據《璦琿條約》獲得黑龍江左岸。其後，清朝與英、法、美、俄之間簽訂《天津條約》
一八六〇	英法聯軍火燒圓明園，俄羅斯根據《北京條約》獲得沿海州領地
一八六一	俄羅斯軍艦航行至對馬，駐兵半年。英國軍艦航行至對馬，要求俄羅斯軍艦離開
一八六七	清國對漢人開放鴨綠江右岸的土地
一八六八	日本明治維新
一八七一	簽訂《日清修好條規》。漂流到臺灣的琉球宮古島島民被「生蕃」殺害

這才是真實的滿洲史

——中日滿糾纏不已的「東北」如何左右近代中國

真実の滿洲史（1894-1956）

作者｜宮脇淳子　監修｜岡田英弘　譯者｜郭婷玉
總編輯｜富察　責任編輯｜穆通安　編輯協力｜洪源鴻　企劃｜蔡慧華
封面設計｜莊謹銘　版型設計｜萬亞雰　內頁排版｜洪祥閔

社長｜郭重興　發行人兼出版總監｜曾大福
出版發行｜八旗文化／遠足文化事業股份有限公司
地址｜新北市新店區民權路 108-2 號 9 樓　電話｜ 02-22181417
傳真｜ 02-86671065　客服專線｜ 0800-221029　信箱｜ gusa0601@gmail.com
Facebook ｜ facebook.com/gusapublishing　Blog ｜ gusapublishing.blogspot.com
法律顧問｜華洋法律事務所／蘇文生律師　印刷｜成陽彩色印刷股份有限公司

出版｜ 2016 年 1 月　初版一刷
2021 年 5 月　初版八刷
定價｜ 350 元

SHINJITSU NO MANSYUU SHI 1894 ～ 1956
by ©JUNKO MIYAWAKI, HIDEHIRO OKADA

國家圖書館出版品預行編目（CIP）資料

這才是真實的滿洲史——
中日滿糾纏不已的「東北」如何左右近代中國
宮脇淳子著／岡田英弘監修／郭婷玉譯
新北市／八旗文化出版／遠足文化發行／2016.1
ISBN／978-986-5842-71-0（平裝）
1. 晚清史
627.6　　　　　104025109